普通高中新课程新教材
实施的区域行动

第一卷

理念与规划

杨浦区普通高中"双新"实施国家级示范区建设工作组 组编

华东师范大学出版社
·上海·

图书在版编目(CIP)数据

普通高中新课程新教材实施的区域行动.第一卷,理念与规划/杨浦区普通高中"双新"实施国家级示范区建设工作组组编.—上海:华东师范大学出版社,2023
ISBN 978-7-5760-3471-4

Ⅰ.①普… Ⅱ.①杨… Ⅲ.①课程-教学改革-研究-高中 Ⅳ.①G632.3

中国国家版本馆 CIP 数据核字(2023)第 086855 号

普通高中新课程新教材实施的区域行动

第一卷:理念与规划

组　　编　杨浦区普通高中"双新"实施国家级示范区建设工作组
策划编辑　彭呈军
特约审读　梁金莹
责任校对　张佳妮　时东明
装帧设计　卢晓红

出版发行　华东师范大学出版社
社　　址　上海市中山北路 3663 号　邮编 200062
网　　址　www.ecnupress.com.cn
电　　话　021-60821666　行政传真 021-62572105
客服电话　021-62865537　门市(邮购)电话 021-62869887
地　　址　上海市中山北路 3663 号华东师范大学校内先锋路口
网　　店　http://hdsdcbs.tmall.com

印　刷　者　浙江临安曙光印务有限公司
开　　本　787 毫米×1092 毫米　1/16
印　　张　11.75
字　　数　244 千字
版　　次　2023 年 10 月第 1 版
印　　次　2023 年 10 月第 1 次
书　　号　ISBN 978-7-5760-3471-4
定　　价　48.00 元

出版人　王　焰

(如发现本版图书有印订质量问题,请寄回本社客服中心调换或电话 021-62865537 联系)

指导委员会

序一　持续推进"双新"示范区建设
不断深化育人方式改革

尹后庆

党的二十大报告提出要"坚持以人民为中心发展教育,加快建设高质量教育体系,发展素质教育,促进教育公平"。普通高中"双新"实施正是深化教育领域综合改革,着力促进教育高质量发展,办好人民满意的教育的重要领域。党中央、国务院高度重视促进普通高中教育内涵发展和质量提升,颁布了《关于新时代推进普通高中育人方式改革的指导意见》等重要文件,高质量地推进"双新"实施。

杨浦区牢牢把握作为上海唯一的普通高中新课程新教材实施国家级示范区、基础教育创新试验区,以及国家级信息化实验教学区、生命教育综改试点区等在更高起点向全面提高育人水平进步的历史契机,上下齐心,在诸多领域有所作为。杨浦通过深化区域教师教育改革,高起点定位、高标准建设、高质量育人,提升教师的专业胜任力,完善区域教师教育方式与机制,努力为每一位教师、每一位学生的健康发展提供沃土,满足人民群众对优质教育的期望,致力于向更高方面的教育城区发展,也为上海乃至全国贡献杨浦特色的教师教育经验。

《普通高中新课程新教材实施的区域行动》丛书是杨浦区打磨数年的作品,融理论与实践、经验与体会于一体,思考深刻、案例丰富、解读有道。丛书涉及区域系统设计,制度建设,学校系统规划,国家课程的校本化实施,"双新"背景下素养导向的课堂教学变革,区域如何通过深度教研实现课程价值与教师专业的协同发展,以及"双新"背景下教育评价的改革实践等,聚焦的都是教育教学改革中区域、学校、教师所碰到的急难愁盼问题,很有针对性。希望广大读者从杨浦的经验中得到启示,推进以学生发展核心素养为主线的新课程体系建设,为不断优化育人方式作出不懈努力。

"双新"在全国的推广已经逐步向纵深发展,面对党中央提出的更高要求,时代对人才提出的更高要求,我们要担负起自己的责任。一是通过持续优化教与学的行为将课改理念落地。所有学校的课堂里,把已有的系统设计转化为教与学的行动,包括日常课堂上教师们主导教学的具体行为,以及学生作为主体,在学习过程中的具体方法、方式,这是课程改革理念和方案能不能真正落地、能不能达到预期效果,学生核心素养培育的目标能不能真正实现的关键环节，也是育人方式能不能真正改变的关键环节。二是回归学习本质，促进学习真实发生。ChatGPT 的诞生已经再次表明传统的学习方式必然要发生颠覆性改变，ChatGPT 将真正实现个性化学习。教师必须改变过去以"知识点"为导向的教学，要回归人为什么学习、怎么学习、怎么促进学习这些认识论的本源性问题，如何将学习内容结构化，如何解构复杂问题，教师如何更好地建立学习内容与学生已有认知之间的桥梁是未来一段时间内学校、教师面临的真问题和真挑战。三是教师的学习要实现从"自在"到"自为"的跃迁。教师是实现落实立德树人根本任务的关键，教师站得高学生才能站得高。长久以来，教师的自我学习多呈现被动、目的性强、持续时间短等特点，面向未来，教师的学习要从不断反躬自省开始，养成主动学习、主动广泛学习、主动形成学习共同体的意识，将学校真正打造成一个立体的学习共同体组织。

面对新的征程，我们教育工作者要义无反顾地承担起为党育人、为国育才的使命，自我精进、自我发展、自我超越，并且引领学生走向未来、赢在未来。

序二 向更深层次更高质量迈进：普通高中"双新"课程改革的杨浦行动

安桂清 崔允漷

普通高中教育承担着为学生适应社会生活、高等教育和职业发展作好准备的多重使命，是整个国民教育体系高质量发展的重要组成部分。为贯彻二十大报告提出的"建设高质量教育体系"的具体要求，落实国务院办公厅印发的《关于新时代推进普通高中育人方式改革的指导意见》(国办发〔2019〕29号)、教育部发布的《关于做好普通高中新课程新教材实施工作的指导意见》(教基〔2018〕15号)等的相关规定，杨浦区作为上海市唯一的普通高中"双新"实施国家级示范区，在落实"双新"课程改革中充分发挥区域积淀的教育优势，借助区域课程领导力的提升，积极探索将文件精神转化为示范区、示范校的建设规划与实施方案，努力构建"双新"实施的有效路径与变革机制，初步形成以本套丛书为代表的、具有示范作用的优质成果。

超越区域在政策转化中通常发挥的上传下达的传统角色与功能，杨浦区作为变革主体以极大的热情和扎实的行动推进"双新"课程改革，本套丛书展现了区校协同发力，共同推进变革的路线与行动。回顾三年的建设历程，其行动路径历历在目：

第一，强化基础调研，做好顶层规划。在示范区建设启动阶段，杨浦区通过对区内15所高中全体教师的问卷调查，收集区域高中课程教学改革的进展信息，分析其存在的优势与不足，结合"双新"实施的总体要求，以规划的编制为核心任务，先后制定示范区建设工作三年规划、教育学院实施方案、专业支持项目方案以及学校"双新"实施方案，形成四级"双新"示范区建设指导性文本。规划编制的过程即教育主体形塑变革愿景的过程，杨浦区立足区位实际的规划行动，增强了外部政策与内部发展需求的一致性。

第二，聚焦关键问题，推进项目研究。"双新"课程改革是国家课程方案转化的攻坚行动。杨浦区以学校课程实施规划的编制为抓手，探索国家课程校本化实施的路径；聚焦素养本位的创智课堂建设，力图突破课程变革的堡垒；开展基于新课程标准的学业质量评价研究，深化考试与评价改革；探索指向深度学习的单元教学实践，深化学生学习方式创新。围绕上述普通高中的关键问题，杨浦区以课程建设、课堂转型、评价改革与学习创新等项目研究为载体，建构"双新"推进的实践路径、行动策略与变革机制，致力于突破变革难点，形成区域"双新"推进的整体格局。

第三，落实循证实践，助力迭代改进。杨浦"双新"示范区建设的项目推进过程注重通过同行评议和工具评价等方式获取行动干预措施的效果证据，并将证据应用到实践中，实现实践的迭代改进。同行评估主要采用同行学者认同的学术质量标准进行项目的过程评估，工具评议主要是借助所开发的课程实施质量检测工具，检测"双新"国家示范区项目的实践进展是否符合项目的目标与承诺。循证实践有助于听取不同处境、利益、偏好等参与者的意见，并将其纳入改革方案，使实践更具人性化。

第四，改变支持方式，提升教研能级。区教育学院作为"双新"课程改革最主要的专业支持力量，超越传统的教研活动主导的支持方式，从职能定位、组织结构、主题内容、行动路径等多个角度积极探索区域教研转型。针对"双新"推进中的跨学科课程开发、单元教学设计、基于学业质量标准的测试命题、信息技术与教学的深度融合等核心任务，教研员通过开发实践指南、表现样例、资源平台和教师研修课程等，为教师提供各类学习支架，在推动教师自主学习、自觉发展的同时，也促进了自身专业支持能力的提升。

第五，加强经验辐射，促进区域均衡。为促进区域高中教育的优质均衡，在"双新"课程改革的推进过程中，区域建设了一系列开展研修活动、交流展示和资源共享的平台。项目相关平台促进了"双新"示范区建设项目与"上海市基础教育创新试验区"建设项目的协同共进；创新实验室平台成为支撑学生创新素养培育的教学平台与空间资源；各类展示平台的搭建为不同职业发展阶段与发展需求的教师提供了展示自我的机会与舞台；基于区数字基座建构的"同创学习空间""创智云平台"等网络平台成为学生成长和教师发展的应用系统。平台建设促进了区域教研训培的一体化发展，借助平台，区域将个人智慧和学校经验转化为集体智慧和区域实践。

课程实施质量检测的数据表明，杨浦区的变革行动切实提高了"双新"课程改革的实施水平，提升了普通高中的育人质量。深究其变革逻辑，下列几点经验值得其他区域借鉴：

第一，构建以学习网络为特征的变革共同体。"双新"课程改革一方面是教育局、教育学院和学校的任务，另一方面也要关注多个利益群体的诉求与参与。杨浦区联合上海市教师教育学院、华东师范大学课程与教学研究所等机构，借助项目研究共同体、学科高地、创新实验室、教育集团、教育专业团体以及家庭和社区机构的广泛参与，构建"双新"课程改革的学习网络。通过项目研究与平台建设，使各类群体结成学习共同体，促进个人之间以及个人与群体之间的交流互动，从而摆脱变革中的孤立性，促进不同群体不仅在思想上增强对变革的认同感，而且在行为上回应彼此的现实需求，这有助于形塑一种相互融通、协同创新的区域变革文化氛围。

第二，推动变革愿景作为公共话语的演化过程。变革不是对预定方案的执行。示范区建设的三年规划是立足杨浦实际，在广泛征求意见的基础上形成的。各方的观念表达与智慧阐释凝聚成区域层面的变革愿景。同时借助四级"双新"示范区建设文本的建构,变革愿景得以持续生成并获得校本化表达。正如富兰所说:"共同愿景和主人翁感是高质量变革过程的结果而非前提条件。"变革愿景在落地中的调整与演化有助于形塑基层变革的公共话语,降低变革的摩擦成本,使变革更易发生。

第三,以能力建设作为变革的核心政策工具。传统的区域惩戒性的问责方式无法切实提升学校的课程领导力,而且极易导致课程变革的运动痕迹和失真现象。杨浦区在"双新"改革推进中通过示范深度调研的工具与方式增强学校基于问题解决的行动能力,通过指南、规格、样例和资源包等工具的开发增强学校课程实施的自我反馈、改进与创造能力。以能力建设作为政策工具,学校实践者的个体智慧才能整合进变革过程,区域的变革诉求才可能真正落地。

第四,借助效果评估实现变革理想与实践的双向匡正。循证实践通过发现问题,采取干预措施,收集效果证据,提供干预措施的改进方向,为变革路径的选择与修正提供了精准反馈。对改革成效的检验与分析贯穿于杨浦区推进"双新"过程的始终。通过对照变革方案的目标与承诺,开发评价框架、指标体系和评估工具,在收集评估数据的基础上不断调适和修正变革的行动路径。另一方面,通过对区域变革样本的充分观察和合理整合,项目组得以提炼并集成"双新"课程改革的有效元素,从而在萃取优秀实践经验的基础上建构更为完善的变革愿景与方案。

第五,保持对平等的关注并将其视为变革的价值承诺。"双新"课程改革的推进不能仅仅是树立"典型",保持对所有学校的平等关注与公平对待也是杨浦在变革行动中的追求。区域注重采取"试点突破—区域示范"的策略管理变革实施过程,通过设置试点校、基地校或种子团队等试点单位和群体,基于先期探索形成可行的变革经验,之后通过示范引领将变革经验推广到区域各校。"示范"作为政策执行的核心机制,有助于建构区域变革的动机结构,对其他学校的变革起到动员和调节作用,从而促进普通高中的优质均衡发展。

"双新"课程改革的杨浦行动为其他区域的变革提供了路标指引,但由于区域自然条件和变革生态的差异,不同区域的变革历程并无地图可售。同时变革总与问题同在,但无论是何种步履维艰,我们都应秉持一个基本信念:通往变革的道路不是我们要去的地方,而是一个我们要创造的地方!

序三　开创课程改革与人才发展协同共进新局面

卜　健

党的二十大报告指出："教育、科技、人才是全面建设社会主义现代化国家的基础性、战略性支撑。"这一重要论断表明了要统筹推进科教兴国、人才强国、创新驱动的发展战略。2019年，国务院办公厅发布《关于新时代推进普通高中育人方式改革的指导意见》，提出了培养担当民族复兴大任的时代新人的育人目标，对普通高中教育改革进行了系统设计和全面部署，强调构建人才全面培养的体系，突出德育时代性、强化综合素质培养、拓宽实践渠道、完善综合素质评价。

杨浦有着"四个百年"的深厚底蕴，又有着杨浦滨江发展的新时代活力。近年来杨浦坚持深化改革，创新驱动，以于漪为代表的中国教育家精神引领广大教师敬业爱岗、躬耕教坛，教育事业发展成效显著。进入新发展阶段，为更好地践行"为党育人、为国育才"的初心使命，全面建成高品质现代化教育强区，2020年起，作为上海市唯一的"普通高中'双新'实施国家级示范区"，杨浦紧紧把握改革契机，高站位统筹，全系统谋划，区教育局、教育学院和高中学校的干部师生凝心聚力，开拓创新，在"双新"课程改革的推进中积极谋求人才培养与"双新"课程改革的同频共振，努力开创区域课程改革与人才发展协同共进新局面。

在全力推进"双新"国家级示范区建设中，杨浦逐步积累形成了丰富的理论和实践创新成果，并将这些建设成果凝练汇编成《普通高中新课程新教材实施的区域行动》丛书。丛书秉承"研究、实践、反思、辐射"这条工作主线，涉及项目方案规划、课程、教学、评价、教研等各方面，阐述了杨浦以项目推进的方式，在加强教育管理、优化育人环境、促进教师专业发展等方面所做的细致工作和获得的有益经验，可见区域、学校在项目推进的过程中，自觉进行理性思考和探索实践的过程，以及广大教育工作者破解课程改革关键问题的智慧。书中的字里行间，洋溢着杨浦教育人推进高中课程改革，投身党的教育事业的激情，传扬着项目团队敢于创新、勇于实践的精神。

课程教学改革具有深刻的复杂性和长期的艰巨性。三年来，杨浦始终直面区域推进课程改革中的难题，思考如何激发广大校长、教师的改革动力，让基层焕发生机和活力。杨浦将本次"双新"课程改革视为"成人"的重要契机，努力在课改行动中盘活育人机制，赋能教师群体，激发他们主动学习、锐意进取进而追求卓越的积极心态，形成团队群智涌现的发展态势。为此，杨浦区教育工作党委认真落实区委区政府《关于新时代杨浦打造"人才秀带"建设高水平人才高地的实施意见》，设计并启动了"党建引领下区域创智教育干部人才涌动发展项目"（简称"登峰计划"），从队伍建设的角度协同发力，与普通高中"双新"课程改革相伴而行，因事而成人，因人而成事，共同激发杨浦高中教育活力。首先，以师德建设项目为引领，因人成事，在"双新"推进中持续开展"争做于漪式好教师""站好新时代的讲台"等师德师风师能教育系列活动，激励教师为杨浦建设、为杨浦学子的全面发展作出新的更大贡献。其次，以"双新"项目为载体，借"事"育人，建设人才培养多通道，策略性发挥项目育人的集成效应，将杨浦教师的教改意识、育人能力推上强势发展的"高速路"。第三，区域以"登峰计划"的落实为重心，重构机制，升级"三名工程"，创新教育领军人才发展模式，形成高端教师涌动发展的蓬勃生机。

正是教育系统人才队伍的涌动式发展，为高中"双新"课程改革以及"四高城区"建设的推进提供了坚强有力的智力资源与人力保障。本套丛书的出版即是杨浦区以"成人成事成机制"为行动宗旨，践行课程改革与队伍发展相结合所取得的成果。

三年来，在教育部、市教卫党委和市教委、区委区政府的正确领导下，杨浦区高中"双新"国家级示范区建设取得了众多阶段性成果，区域高中教育高质量发展，教师队伍的专业能力明显提升，学生的创新智慧不断涌现。这些成绩的取得，离不开上海市教师教育学院、华东师范大学、上海师范大学、上海市教科院众多专家团队的大力支持。借丛书付梓之际，由衷感谢上海市教师教育学院的教研团队发挥课程教学领导力强、资源平台丰富的优势，为杨浦新课程新教材的实施提供了全方位、细致专业的指导，并多次为杨浦师生搭建"双新"展示的平台；特别是华东师范大学课程所发挥课改领域人才荟萃、智力密集的优势，安桂清书记和崔允漷所长带领教授、专家团队，亲临指导、支持杨浦"双新"建设，如此种种不胜枚举。

潮平两岸阔，风正一帆悬。面向未来，我们将砥砺奋进、踔厉前行，在促进国家高水平人才培养体系建构与高质量教育体系构建上进行创造性实施，谱写课程改革的新篇章，推动杨浦教育迈向更高质量发展！

（本序言作者为中共上海市杨浦区教育工作党委书记）

目 录

第一章　高中"双新"课程教学改革背景　　　　　　　　　　　1

第一节　面向新时代的课程与教学改革　　　　　　　　　1

第二节　国际比较视野下的高中课程教学改革　　　　　7

第二章　普通高中发展的趋势与任务　　　　　　　　　　　13

第一节　普通高中的发展趋势与主要任务　　　　　　　13

第二节　普通高中发展的可能路径与基本理念　　　　　18

第三节　高中"双新"国家级示范区建设的任务与要求　　22

第三章　杨浦区普通高中课程教学现状　　　　　　　　　　　25

第一节　基本情况　　　　　　　　　　　　　　　　　25

第二节　主要优势　　　　　　　　　　　　　　　　　29

第三节　存在的问题　　　　　　　　　　　　　　　　35

第四章　杨浦区高中"双新"国家级示范区建设的基本理念与行动路径　44

第一节　杨浦区高中"双新"示范区建设基本理念　44

第二节　以规划编制为核心，形塑"双新"变革愿景　46

第三节　以项目研究为载体，探索"双新"变革经验　52

第四节　以变革共同体建设为基础，激发"双新"变革活力　57

第五章　杨浦区普通高中新课程新教材实施国家级示范区建设工作三年规划（2020—2023年）　59

第一节　总体要求　59

第二节　建设任务　62

第三节　重点突破　72

第四节　落实工作要求　74

第五节　工作保障　76

第六节　推进计划　76

第六章　杨浦区高中"双新"国家级示范区建设工作杨浦区教育学院实施方案（2020—2023年）　80

第一节　总体思路　80

第二节　主要任务　82

第三节　年度推进计划　85

第四节　工作保障　89

第七章　杨浦区高中"双新"专业支持子项目方案　91

第一节　指向五育并举的区域课程体系建设　91

第二节 素养导向的创智课堂实践研究 95

第三节 基于标准的学业质量评价研究 104

第四节 凸显技术融合创新的学习空间建设 108

第五节 提升教师专业胜任力的研训机制研究 110

第八章 杨浦区学校"双新"实施规划 125

第一节 同济大学第一附属中学"双新"国家级示范校建设工作三年规划 125

第二节 上海市控江中学新课程新教材实施方案 147

第三节 上海理工大学附属中学新课程新教材实施方案 162

后记 171

第一章　高中"双新"课程教学改革背景

"双新"课程教学改革是对新时代提出的人才培养新要求的回应。这样的回应是否精准，取决于其对新时代特点及对人才培养需求的把握是否准确；还取决于能否自觉融入新时代课程与教学改革的主流，选准着力点，同时坚持开放视野，以国际高中课程体系、学习与教学、技术融合等的改革趋势为参照。在此基础上确立的"双新"课程教学改革目标和任务才能保证其前瞻性和示范性。

第一节　面向新时代的课程与教学改革

当今时代处于急剧变革期，社会的方方面面都在经历巨变，其中最为根本的则是生产力及生产方式的变革，第四次工业革命带来的生产及生产方式的变革成为所有变革的"风暴眼"。准确把握第四次工业革命对于人才培养提出的新需求，是开展任何具有时代性的课程与教学改革的必要准备。

一、新时代对人才培养的需求——面对第四次工业革命带来的机遇与挑战

近代以来，人类历史上曾先后经历了三次工业革命，分别是始于18世纪下半叶的，以"机械化"为特征的第一次工业革命，始于19世纪下半叶的，以"电气化"为特征的第二次工业革命，以及始于20世纪60年代，以"自动化""信息化"为特征的第三次工业革命。2013年德国在汉诺威工业博览会上提出的"工业4.0"概念开启了第四次工业革命。第四次工业革命以人工智能、大数据、物联网、云计算等信息技术的应用为特征，以智能化、网络化、数字化为核

心动力,以高效个性化定制生产与服务为基本理念。① 每一次工业革命都给教育提出了新的要求,也都从教育的革新中受益。可以说,教育改革既是历次工业革命的必然结果,也是工业革命的重要推动力。第四次工业革命同样如此。它不仅呼吁着教育的改革,同时教育能否回应这一诉求,决定着一个国家能否抓住第四次工业革命带来的历史机遇。

历次工业革命往往都是通过技术进步改变产业形态,进而改变人才需求来影响教育。第四次工业革命所需的人才大大不同于以往,拥有高阶思维的高技能型人才、科学与人文素养兼备的复合型人才、能够灵活适应环境变化的终身学习者和能参与国际分工并发挥领导力的全球公民才能在未来更好地生存和发展。

(一) 拥有高阶思维的高技能型人才

近年来,随着人工智能技术的飞速发展,对于"机器会不会替代人"的讨论一度掀起热潮。从技术发展的一般逻辑看,人们总是因为想用技术替代人的某些工作,使人从中解放出来才去推动技术进步。只是从前的技术进步替代的多是人的体力劳动,如今要替代人类引以为傲的脑力劳动便引发了担忧。人工智能的确会对人产生一定的替代效应,但主要集中在常规性工作领域,即"那些有明确的规则和程序"的工作,而需要人的批判性思维、创造性思维等高阶思维技能的工作通过机器则无法充分实现。② 因此,第四次工业革命中高新技术的发展将进一步深化劳动力技能的分层,对于拥有高阶思维的高技能型人才的需求会大幅增加,常规性、重复性工作所需的人才则会减少。

(二) 科学与人文素养兼备的复合型人才

第四次工业革命由众多技术突破的集中出现所推动,其对于人科学素养提升的要求是显而易见的。为此,美国、德国、英国等国家纷纷制定 STEM 教育发展战略。但仅仅有科学素养的提升对于未来人机共生的发展生态而言是不够的。未来教育需要重视先进技术无法替代的人类核心能力。尽管机器越来越智能化,但人在工作中的情感投入、整体感知、同理心、人际交往能力等却是机器无法取代的,人类仍将在依赖这类能力的工作中保持优势,而这恰恰是人文素养的主要内容。因此,"未来学校的教育既要让学生掌握编程、数据分析等'硬核'技术,更要让学生具有同理心、合作能力、社会意识和全球公民意识,而这些素质是数字经济时代对人才培养的基本要求"③。换言之,未来社会需要的是科学素养与人文素养兼备的复合型人才。

---

① 谢伏瞻. 论新工业革命加速拓展与全球治理变革方向[J]. 经济研究,2019(7):4—13.
② 赖德胜,黄金玲. 第四次工业革命与教育变革——基于劳动分工的视角[J]. 国外社会科学,2020(6):117—126.
③ 逄行,王欢欢,刘梦彧. 数字经济时代的学校教育模式如何转型?——《未来学校:为第四次工业革命定义新的教育模式》报告的解读[J]. 现代教育技术,2021(3):42—49.

(三) 能够灵活适应环境变化的终身学习者

第四次工业革命中新技术的广泛应用将极大地推动产业变化。有论者从模块化思维的角度,运用"积木"的比喻这样描述这一过程,"第四次工业革命对产业发展最深刻的影响是促进了产品架构和产业组织在更大范围、更大程度上的模块化,模块化创新和基于模块的重组式创新成为经济结构调整新的主导模式","运用模块化思维分析第四次工业革命,就是把第四次工业革命视为创造新的积木和对积木进行重新组合的过程"。[①] 可想而知,新积木的不断创造及其重组必将使新业态的出现、重组、变更成为常态,这会极大影响劳动分工和就业形态,很多人未来将从事现在尚不存在,甚至无法预想的工作,就业的固定化、终身化将不复存在,在第一、二次工业革命背景下通过一次教育即可满足一生工作需要的情况也将不复存在。未来属于能够不断更新知识技能,视职业、就业持续变化为常态,且能于其间游刃有余,适应良好的终身学习者。这反过来要求现有学校教育体系要突破旧有办学思路,着力培养学生终身学习的兴趣、愿望、能力以及专业素养。

(四) 能参与国际分工并发挥领导力的全球公民

尽管近年来经济全球化的脚步因新冠疫情、英国脱欧、特朗普"美国优先"政策等的影响而有所放缓,但大趋势未改。而随着中国继续保持、深化改革开放以及国力的日趋强盛,我国的未来一代乃至数代必将更深地参与国际事务并发挥领导力。未来的工作、就业不仅不再固定化、终身化,而且也将打破时空的局限。在第四次工业革命背景下,"产业链条分工的不断细化,生产工序被分解成一个个能够由企业单独完成的环节,世界各国依托自身要素禀赋承接具有比较优势的部分。劳动力资源配置高度全球化,世界各地的企业和员工都可能因为网络而结为雇佣关系"[②]。面向未来的教育必须致力于将学生培养成能参与国际分工并发挥领导力的全球公民。2020 年 1 月世界经济论坛(World Economic Forum)发布的《未来学校:为第四次工业革命定义新的教育模式》中,从学习内容、学习经验两个维度提出了教育4.0 高质量学习的全球框架,其中学习内容上的第一个关键特征便是全球公民技能,即致力于建立对更广泛的世界、可持续发展的认识,并具备在推动全球发展过程中发挥积极作用的能力与素质。[③] 可见在这一点上是有广泛共识的。

上述第四次工业革命对人才培养提出的新要求,构成了课程与教学改革的大背景。我国三十余年的教育发展取得了巨大成就,为未来的建设发展储备了大量人才,成为我们深度融入第四次工业革命的底气。接下来能否在此基础上继续推进课程与教学改革,培养具有

---

① 张其仔,贺俊.第四次工业革命的内涵与经济效应[J].人民论坛,2021(5 上):74—77.
② 赖德胜,黄金玲.第四次工业革命与教育变革——基于劳动分工的视角[J].国外社会科学,2020(6):117—126.
③ 逯行,王欢欢,刘梦彧.数字经济时代的学校教育模式如何转型?——《未来学校:为第四次工业革命定义新的教育模式》报告的解读[J].现代教育技术,2021(3):42—49.

上述特征的新型人才,则是我们能否不仅仅是跟随,而且引领第四次工业革命的关键。这当中,在整个教育体系中承上启下的高中课程与教学改革的作用至关重要。

二、走向核心素养的课程与教学改革

面对未来的科技发展、社会变迁,需要重新审视教育的目标,并做出相应的调整,以帮助下一代更好地因应"明日世界",取得个人成功,推动社会进步。核心素养的提出便是国际教育界在反思、探寻过程中选定的一个主要方向。

核心素养概念起源于经济合作与发展组织(OECD)于 1997 年启动的"素养的界定和选择"(Definition and Selection of Competencies,DeSeCo)项目。该项目试图在日益加速的科技发展及其带来的复杂形势面前,回答个体应该具备怎样的素养,才能取得个人生活的成功并保障社会的良好运转。何为"素养"? OECD 的界定是,"素养不只是知识与技能,它是在特定情境中通过利用和调动心理社会资源(包括技能和态度)以满足复杂需要的能力",具体包含了"知识、技能、态度和价值观",是这一系列成分的整合,是人类现实行动背后的内在心理品质。① 而核心素养无疑是人应具备的各种素养中最必须、最关键的,是"学生应该具备的、能够适应终身发展和社会发展需要的必备品格和关键能力",是"学生因应未来社会生活所需的知识能力态度情意"。②

在认识到核心素养培育之于未来教育重要性的前提下,主要的国际组织和国家纷纷提出自己的核心素养框架,其中比较有代表性的包括:联合国教科文组织(UNESCO)的核心素养"五大支柱说",分别是学会求知(learning to know)、学会做事(learning to do)、学会共处(learning to live together)、学会自处(learning to be)、学会改变(learning to change);OECD 经过"素养的界定和选择"项目的研究,提出的核心素养三维架构,即"能自律自主地行动""能互动地使用工具"和"能在异质社群中进行互动";欧洲联盟于 2005 年发布的《终身学习核心素养:欧洲参考架构》中,确定了母语沟通,外语沟通,数学素养及科技基本素养,数字素养,学会如何学习,人际、跨文化与社会素养和公民素养,积极创新应变的企业家精神与创业力和文化表达等八大核心素养,而批判思考、创造力、主动积极、解决问题、风险评估、做决定、感受管理作为具体内涵贯穿八大核心素养。世界主要国家也纷纷提出自己的核心素养架构,如美国"21 世纪技能联盟"提出的包含生活与生涯工作技能,学习与创新技能,信息、媒体与科技技能的 21 世纪技能;英国提出的包括沟通能力、数字应用、信息技术、与他人合作、学习和业绩的自我提升、解决问题等的核心素养体系;德国的基础素养(理解知识、应用知识、学习素养、使用工具的素养、社会素养、价值导向)加进阶的核心素养(因特网素养、元认

---

① 杨向东. 关于核心素养若干概念和命题的辨析[J]. 华东师范大学学报(教育科学版),2020(10):48—59.
② 蔡清田. 核心素养与课程设计[M]. 北京:北京师范大学出版社,2018.

知与元知识、沟通素养、媒体素养、经济素养、文化素养、跨文化素养、情绪智慧、动机)体系。[①] 我国也于2016年发布了《中国学生发展核心素养》,其总体框架包括文化基础(人文底蕴、科学精神)、自主发展(学会学习、健康生活)、社会参与(责任担当、实践创新)三个维度、六大素养。[②]

核心素养体系的研发对世界各国的课程与教学改革,包括普通高中课程改革都产生了重要影响,同样也成为我国近年来普通高中课程改革的"关键词"。2013年启动,以2017年底印发的《普通高中课程方案和语文等学科课程标准(2017年版)》为完成标志的普通高中课程方案和课程标准修订,在课程标准中新增了学科核心素养,"各学科凝练出了本学科的核心素养,明确了学生学习该学科课程后应形成的正确价值观念、必备品格和关键能力,并围绕学科核心素养的落实,精选、重组教学内容,设计教学活动,提出考试评价建议,目的是切实引导各学科教学在传授学科知识过程中,更加关注学科思想、思维方式等,克服重教书轻育人的倾向,把立德树人根本任务落到实处,将党的教育方针关于人的全面发展要求具体化、细化到各学科课程之中"[③]。这显然是将核心素养落实于具体课程中的关键一步。

三、新时代课程与教学改革着力点的确定

自20世纪60年代以来的课程与教学改革经验告诉我们,改革千头万绪,不可能平均用力,抓住其中少量但关键的目标作为着力点,更容易取得突破和成功。立足于对上述新时代社会变革和课程教学改革整体方向的把握,结合我国现实情况,我们认为,应将如下四个方面作为面向新时代课程与教学改革的着力点。

(一) 以道德观与价值观教育为根本使命

科技革命带来全球经济高速发展的同时,也带来一些全球性的问题,如生态环境危机、种族文化冲突、恐怖主义蔓延等。这些问题无法靠某个国家单独予以解决,必须世界各国携起手来,共同应对。只有加强高中生的道德观和价值观教育、责任感教育以及国际理解教育,才能从根本上消除这些问题代际传递的根源,推动各国未来一代以"人类命运共同体"的视角审视、解决全球性问题。许多国家已经充分注意到高中道德教育、国际理解教育的重要性,并将其纳入高中课程改革。例如英国在课程改革中明确指出,学校教育应首倡有利于促进机会平等,形成健康、公正、民主的经济生产和以可持续发展为目的的永恒价值。德国将责任感视为现代文明社会公民的基本素质,强调要让中学生通过影响决策,参与小组、团队

① 蔡清田.论核心素养的国际趋势与理论依据[J].东北师大学报(哲学社会科学版),2018(1):149—158.
② 林崇德.21世纪学生发展核心素养研究[M].北京:北京师范大学出版社,2016.
③ 姜乃强,宋欣园.适应高中课改需要,凝练学科核心素养——教育部有关负责人就普通高中课程方案和标准修订答记者问[Z].教育家,2018(3):20—23.

活动,进行自我管理等学会承担责任,在社会和经济生活中实施促进学生独立能力和自我负责能力发展的计划。韩国在高中课程改革中则非常重视国际理解教育,在 2007 年修订的课程目标中指出,高中生应"为国家和社会的发展而努力,具有世界公民的意识和走向世界的态度"①。这和我国将"立德树人"作为教育改革的根本任务异曲同工。

(二) 推动技术—教育双向融合创新

第四次工业革命中史无前例的大规模技术创新,正在颠覆性地改变我们的生产生活方式,一个人机协同、跨界融合、共创共享的智能时代已经到来。新时代不仅重新定义了人才的标准和教育的使命,而且为教育和人才培养提供了无比强大的技术工具。智能机器人、增强现实、虚拟现实、学习分析、数据挖掘等新技术的初步应用已经在改变教育的面貌,未来更将成为高中教育改革的主要着力点之一。值得注意的是,新技术与教育改革的结合不是将新技术简单应用于教育,而是推动新技术与教育的双向赋能、融合创新。换言之,尽管技术的发展为学与教方式的转变提供了更多可能性,但如果技术的使用不与教育理论、学习科学相结合,那么也很难取得真正的成效。此外,也有学者指出另一种意义上的技术—教育双向赋能,一方面是"通过信息技术形成一种新的方法或手段,促进教学方式、学习方式、教学组织形式等的变革",另一方面,"教育则促进信息技术的进化与创新"。② 其实质是,新技术不仅可以促进学与教的变革,学与教的变革反过来也可以成为技术进步的动力和源泉。

(三) 推进基于核心素养的课程整合

培育核心素养在当前国际课程改革中已是大势所趋,同时也是我国当前高中课程改革的主要目标。"事实上,学科领域与素养之间的关系不是一一对应的,所有的领域和学科都有助于多种素养的发展,没有一种素养的发展专门只依赖一种学科。"③这意味着,核心素养培育内在地要求基于核心素养的课程整合。基于核心素养的课程整合不同于以往作为课程组织方式的课程整合,需从课程方案层面、科目层面及课堂层面进行整体设计和系统思考;并从课程目标要素的整合、学习活动与练习的整合、教学模式与方法的整合、评价标准和工具的整合以及正规、非正规和非正式课程的整合等五个维度进行开发。④ 值得注意的是,尽管基于核心素养的课程整合需要完整的思考框架,但不意味着在实践中一味追求将这一框架复制进现实。对新西兰成功经验的研究表明,"基于核心素养的课程整合不是要把核心素

---

① 陈时见,杨茂庆.高中课程改革的国际比较——侧重 2000 年以来的经验、问题与趋势[M].重庆:西南师范大学出版社,2010:190.
② 万昆,任友群.技术赋能:教育信息化 2.0 时代基础教育信息化转型发展方向[J].电化教育研究,2020(6):98—104.
③ 安桂清.基于核心素养的课程整合:特征、形态与维度[J].课程·教材·教法,2018(9):48—54.
④ 安桂清.基于核心素养的课程整合:特征、形态与维度[J].课程·教材·教法,2018(9):48—54.

养空降给学校,让学校根据核心素养重构学校课程,而是允许学校结合自身的学情、条件,创造性地探索如何把核心素养作为复杂课程中的一个要素,使其在与其他要素的互动中调整、改进学校课程"①。基于核心素养的课程整合要想落地,不仅需要对其本身的理解,也需要讲求推进策略。

(四) 探索适合本土的高中、大学课程衔接

无论从理论还是现实出发,高中教育与高等教育的衔接问题都需要我们在当前和未来予以重视。从理论上看,高中、大学各自的很多问题彼此关联,甚至是相互引发的,使得它们各自的效能不仅无法充分发挥,而且增加了很多无谓的消耗;从现实层面看,随着我国高中教育的普及和高等教育的大众化,高中教育和高等教育都需要重新定位,并在调整后加强衔接。课程的衔接是高中教育与高等教育衔接的重要一环。在这方面,英国的 A-level 课程、美国的 AP 课程以及国际文凭课程(IB)等,都提供了范例;国内近些年来也做出了多样的探索,除引进上述国际课程外,还通过普通高中与国内大学联合举办教改实验班,附中与大学课程衔接以及整合高中、大学学术资源等方式进行了多样的尝试。② 不过这种探索尚处于初始阶段,其理念构思、制度设计、项目实施都有诸多不够完善之处,摸索适合我国本土的高中与大学课程衔接仍将是未来一个时期高中课程与教学改革的重要内容之一。

第二节　国际比较视野下的高中课程教学改革

秉持开放精神,立足国际比较视野开展课程教学改革一直是上海教改的基本特点。这一点即便在我们取得举世瞩目的成绩,甚至令外国同行以"超越上海"为改革目标,由过去以引进加本土化为主,转为开始向世界同行分享中国故事和智慧的新时期依然不应改变。因此,确定"双新"课程教学改革的目标任务,首先需梳理把握国际高中课程体系建设、学习与教学改革以及技术融合改革相关的趋势和前沿。

一、高中课程体系建设国际概况

整体来看,进入 21 世纪以来的国际高中课程体系建设具有强化"新基础学力"、提高课程的选择性和加强课程的综合性三方面的主要特征。

---

① 刘宇.指向核心素养培育的课程整合及其推进策略——以新西兰为例[J].全球教育展望,2021(6):3—11.
② 綦春霞,周慧.高中教育与大学教育的衔接:国际经验与本土实践[J].教育学报,2014(4):26—33.

（一）强化"新基础学力"

高中课程作为基础教育课程体系的组成部分,其核心任务始终是基础学力的养成,只是随着时代发展,对基础学力的认识发生了变化。除了继续强化那些具有"永恒"价值的相对稳定的知识技能外,与科技、社会进步相伴产生的一些新的关键知识和必备技能也得到普遍重视,两者结合构成"新基础学力",在各国高中课程改革中占据重要地位。总体来看,在高中课程改革中尤其受到强化的基础学力主要包括语言、STEM 和 ICT 相关课程。语言课程的改革趋势,一是提高对国语学习的要求,二是增加外语课程的门类。前者如美国一些高中对英语学习提出了更高要求,其高中 11 年级的英语课程包括常规水平的英语、差别性的英语、荣誉英语课程及英语 AP 课程,逐级提高课程目标要求;后者如芬兰高中鼓励打破英语一统天下的局面,开设德语、法语等多种外语课程,使得一般的高中生都能掌握 2—3 种外语。随着新科技突破带来的产业、社会及国际竞争格局的巨变,STEM 课程变革成为各国高中课程改革中的新焦点。考虑到 ICT 技术在第三、第四次工业革命中发挥的基础性、核心性作用,各国亦将其纳入基础学力,强调了相关课程的设置。如日本在高中阶段新设"信息科",美国高中要求所有学生学会使用信息通信技术及其相关工具,澳大利亚要求培养高中生信息处理与计算机应用技能,并将其列为"全体高中生必须掌握的最基本的九大核心课程之一"。近年来,随着科技的进一步发展,计算思维、人工智能等也在高中课程改革中得到重视,继续扩充、改变"新基础学力"的格局。

（二）提高课程的选择性

通过提供多样化课程增强课程的选择性,使课程更好地适应学生的多元化、个性化发展需要,既是以学生为中心的体现,又是面向未来的要求。学生与学生之间原本就存在着广泛的个体差异,只有让学生可以依据自身现有水平选择适宜课程修习,才能保证每个学生都能在原有基础上有所进步。此外,第四次工业革命需要的是具备高阶思维,特别是具备创新创造能力的人才,富有选择性的课程有助于释放学生的个人潜质和创造潜能。就如石鸥教授所言,"课程越是'选择'的,学生作为整体就越能充分涌流出创新精神,他们个人的潜质就越能释放出来。在这个意义上说,压制选择,就是压制学生脱颖而出的机会"①。增强课程选择性的主要途径是完善课程结构,夯实必修,扩大选修,同时将选修必修融合。在这方面,日本的高中课程比较典型。日本高中课程分学科和科目两个层次,共设置国语、地理·历史、数学、理科、保健体育、艺术、外国语、公民、家庭、信息十个学科,每个学科又包含若干科目。各科目再分必修、选择必修、选修三种类型。除必修、选修外,选择必修指在一组科目(如地理

---

① 石鸥.强调选择性会降低教学质量吗[A].载:钟启泉、崔允漷、吴刚平.普通高中新课程方案导读[C].上海:华东师范大学出版社,2003:448—449.

Ⅰ、地理Ⅱ)中必选其一来修习,实质是必修中的选修。① 在选修课程之外增加选择必修课程,无疑使得课程的选择性进一步增强了。

(三) 加强课程的综合性

提高课程的综合性既是课程改革发展的要求,也是培养适合未来科技、社会发展之人才的需要。首先,课程改革提高了高中课程设置的多样性,这就必然要求对多样的课程加以整合,使之成为一个整体,这主要指向的是整个课程体系层面的综合。这方面不同国家有不同做法。如前述日本建立了必修课程、选修课程和选择必修课程结合的课程结构,芬兰采用必修学程、专业选修学程和应用学程的组合,德国则是在高一年级以必修课程为主,从高二开始设置供学生选择的"特长课程"。其次,特定学科之间客观存在的密切联系也要求放弃以单一学科为单位,更强调"学科群"的整体性。为此,各国高中课程设置都注意在整合性质相近学科的基础上设置"学习领域",每个学习领域下又包含若干学科或科目。主要国家的高中课程一般都包括语言、数学、科学和技术、社会、体育、艺术等学习领域,其中语言领域包括国语和外语,科学和技术领域包括物理、化学、生物等,从而使得课程照顾到学科群的内在联系。第三,现实生活、社会问题的跨学科性要求除了学科本位的综合课程,还应设置社会本位、经验本位的综合课程。如英国在高一设置了鼓励学生跨学科学习的"综合学习"课程;法国在高二、高三设置了"框架性个人研究",学生以个人或小组形式进行跨学科研究;日本则设置了类似的"综合学习时间"等。

二、高中学习与教学改革国际趋势

学习与教学的改革是课程变革的关键组成部分。课程设置、结构的变革,如果不伴之以学习与教学的革新,课程变革就可能沦为新瓶装旧酒。学习与教学的变革又如彼此咬合的齿轮,互为条件和支持,无法分离。因此,随着国际高中课程体系建设表现出强化"新基础学力"、加强选择性、加强综合性的走向,高中的学习与教学在取向、策略及制度上也发生了相应的变化。

(一) 学习与教学取向的革新

20 世纪以来,国际学习与教学理论研究经历了行为主义、认知主义、人本主义和建构主义的发展历程。行为主义将学习看作是刺激—反应联结的强化(经典行为主义),或对某种主动反应的强化(新行为主义);教学就是通过提供特定的刺激或强化,以控制学生的学习反

---

① 陈时见,杨茂庆.高中课程改革的国际比较——侧重 2000 年以来的经验、问题与趋势[M].重庆:西南师范大学出版社,2010:27—31.

应。认知主义则认为学习是学习者在已有认知结构基础上认识、辨别、理解新知,进而改变、发展认知结构的过程;人本主义强调作为完整的人,除认知之外,还应鼓励情意的发展,提倡在和谐的师生关系中开展情意教学,鼓励学生自主学习、自我实现;建构主义主张学习是学习者在已有经验基础上主动解释、建构意义的过程,教学相应地成为创设情境、确定问题、自主学习、合作学习的过程。细查学习与教学理论的发展历程,每种理论都针对已有理论有所突破创新,但在面对复杂的学习和教学任务时又都有弱点和不足,吸取不同理论的优点、精华,采取整合的学习与教学取向是当前高中学习与教学改革的合理道路。但结合我国高中学习与教学发展的历史与现实,必须认识到,整合的过程中应有所侧重。特别是我国长期实施建立在行为主义理论基础上的传递取向教学,理解取向、探究取向教学基础薄弱的情况下,建构主义学习与教学仍将是重要的改革突破点,把以往机械的授受—听讲式教学改造为有意义教学也是学习与教学改革的有机组成部分。

(二) 学习与教学策略的革新

和学习与教学取向的变化相一致,学与教的策略也发生相应变革。自主、合作、探究的学习方式及相应的教学方式成为时代的主流。自主学习,是指学习者自己确定学习目标、制定学习计划、开展学习活动、监控并调节学习进程的一种学习类型;合作学习则是学习者以小组形式,围绕选定课题分工合作、共同学习的学习过程;在探究学习过程中,学习者在教师指导下,提出生活、社会世界中的问题,并对问题展开探究,获得结论。三种学习方式各有侧重,如自主学习侧重学生主动、自我调节学习的能力,合作学习重点发展学生协作、分享的精神和能力,探究学习着眼培养学生研究、探索的能力;但又往往是彼此交叉关联的。事实上,国际高中教学改革中的一些主导性的教学模式,如基于问题的学习、项目化教学等,往往都具有三者混合的特征。此外,与高中课程结构变革相结合的新教学模式,如模块化教学等也受到重视。"一个模块是为了帮助学生达到一些明确规定的学习目标而设计的一个包含一系列学习活动的自我控制的、独立的单元";模块化教学是一种基于模块课程的个别化教学,通常包括模块课程目标、前测验、教学目标、学习资源、教学活动、期末测验、补救教学等环节。① 在我国高中课程改革确立的领域—学科—模块式结构的背景下,模块化教学对于革新教学具有直接的参考价值。

(三) 学习与教学制度的革新

学习与教学制度是学习与教学的基本规范和准则,是学习与教学改革走向深入和常态化的根本保障。与课程选择性、学习自主性和教学灵活性提高的整体背景相一致,必须有开放的学习和教学制度作支撑。从国际范围看,学生自定学习计划与教师指导制度、学分制和

① 付强,徐继存. 模块化教学及其对我国高中课程改革的启示[J]. 课程·教材·教法,2011(12):93—97.

走班制是当前学习与教学制度改革的主要措施。学生自定学习计划是高中课程选择性提高后的必然选择,是学生根据自己的特点和规划,结合学校提供的课程选择自己所要修习的课程及其顺序,形成个人化的学习计划的过程;鉴于学生所要面对的课程体系的复杂性和个人学习计划的重要性,学生自定学习计划通常都有配套的学生选课指导计划作为支持。课程选择性的提高和学生自定学习计划必然带来学生之间修习课程的差异性增加,这种情况下如何对学习和教学进行管理?学分制是以学分为单位计算学生学习的数量和质量的一种教学管理方式,其优点是能将千差万别的课程修习情况转换为可计算的学分,从而满足课程多样化背景下保证教学规范性的要求。在每个学生自定学习计划,人手一张课程表的情况下,固定班级授课的教学组织制度显然也不再适用,"走班制"则成为当然的选择。"走班制"教学"是在坚持原行政班级的基础上,学生依照学校实际情况和个人能力水平、学习兴趣自主选择符合自身发展的课程套餐,到各自不同类型的学习班级中流动地完成学习任务的一种新的教学形式",[①]最能适应开放性的教学和个性化的学习。

三、高中技术融合改革国际前沿

第四次工业革命的技术革新不仅对高中教育发展提出了新要求,而且也为高中课程教学改革提供了新的技术支持。国际组织、学界都在积极探索如何利用新技术为教育赋能增效,促进教育高质量发展。其中,OECD 发布的《数字教育展望 2021:人工智能、区块链和机器人应用前沿》,英国开放大学(Open University)发布的《创新教学报告》(2021 版)都对新技术赋能教育的现状和前景做了前沿性的总结和展望,能够帮助我们一窥技术赋能教育发展的趋势。

(一) OECD 的《数字教育展望 2021:人工智能、区块链和机器人应用前沿》

2021 年 6 月 8 日,OECD 发布了《数字教育展望 2021:人工智能、区块链和机器人应用前沿》,通过对当下教育领域智能技术的分析,从学生学习、教师教学和学校管理三方面,展望智能技术可以如何改变、赋能教育。在学生学习方面,自适应学习技术可以通过跟踪学习者和学习环境,搜集包括生理、行为、情境方面的多模态数据,进而诊断学习者的当前状态,并提供优化学习的行动和资源,促进个性化学习;支持有特殊需要学生的技术可以推动全纳教育的发展;而自动数字测量方法的进步可以帮助提高学生在日益广泛的数字化学习中的参与度。在教师教学方面,教育机器人(Educational Robotics)可以充当教学助理、导师、同伴学习者等角色,协助或部分代替教师完成教学任务,而远程呈现机器人的使用可以增强在线教学的现场感;由人类和人工智能组成的混合人工智能系统则有望帮助我们在学校实现更

---

① 廖宝娟,姚桂招. 国外走班制教学及其对我国高中教学改革的启示[J]. 兰州教育学院学报,2016(7):112—113.

好的人机交互;基于游戏和数字模拟场景对学生进行评估有助于解决创造性思维、问题解决能力、协作能力等高阶思维评价的难题。此外,运用学习分析技术收集数据,预测、识别辍学因素和可能性,建立早期预警系统等,对于改善学校系统的管理水平也大有助益。[①] 可见,智能技术的运用对于提高学校系统效能,促进教育的个性化、公平性,缩小学生发展之间的差距,培养高阶思维等,都有极大的潜能。

(二) 英国开放大学:《创新教学报告》(2021 版)

英国开放大学自 2012 年开始,每年发布一期《创新教学报告》(以下简称《报告》),遴选并介绍最能代表教育领域主流变化且有影响力的十项教学法。2021 年发布的第九版(或称 2021 版)纳入了"最佳学习时刻""强化后的富现实""感恩教育""使用聊天机器人学习""公平教育""基于嘻哈的教育""师生共创的教和学""远程协作语言学习""循证教学""基于语料库的教学"十项教学法,可以帮助我们从某个侧面看到国际教学发展总体趋势。2021 版《报告》所收入的教学法大都需要技术支持或帮助实现,从这些教学法中我们可以窥见技术赋能教学的最新动向和可能前景。如"强化后的富现实",利用增强现实(AR)和虚拟现实(VR),能够为学习者提供更大的信息量和强化的信息展示方式,使学习者经历多模态的学习体验,改善人机、人际交互;"远程协作语言学习"通过各种在线交流工具,使用基于文本的异步通信、视频会议、社交媒体和虚拟世界等技术,让世界各地的学习者合作学习;而"使用聊天机器人学习"则使得学习者在教师无法提供帮助时依然能获得有针对性的指导。[②] 从上述新涌现的教学法中,我们可以看到更为具体的智能技术赋能教学的实施样态,其作用似乎主要还是提供资源和媒介,以拓展学习的时空和容量,相比于 OECD 的前瞻性展望,显然还有相当大的进步空间。

---

① 袁磊,张淑鑫,雷敏,覃颖,张文超.技术赋能教育高质量发展:人工智能、区块链和机器人应用前沿[J].开放教育研究,2021(4):4—16.

② 李青.以技术赋能教学创新:从嘻哈教育到循证教学——英国开放大学《创新教学报告》(2021 版)解读[J].远程教育杂志,2021(2):11—20.

第二章　普通高中发展的趋势与任务

杨浦高中"双新"示范区的建设需要适宜理念的引领，而这一适宜理念的确定首先要把握我国高中教育当前的发展趋势，以及在新的发展阶段高中教育所应承担的任务。展望未来，教育改革者们为我国高中教育如何面向未来指出了一些发展路径，近年来我国推进高质量教育体系建设政策频出，高中课程改革也随着 2017 年高中课程标准修订版的推出进入崭新阶段，把这些动态纳入思考范畴有助于我们兼顾历史与现实、高中教育自身与整个教育生态，从而更为立体地提炼杨浦高中"双新"示范区的建设理念。

第一节　普通高中的发展趋势与主要任务

普通高中的任务集中体现了对普通高中性质、定位、功能的看法，是这些抽象认识的外化显现。普通高中任务的界定有着其他教育阶段无法比拟的复杂性。一是因为高中在整个教育体系中处于承上启下的位置，下连九年义务教育，上接高等教育，义务教育、高等教育的变化都会对高中教育产生影响；二是因为和其他教育阶段不同，高中教育与成人的工作、生活有着更为直接的联系，科技、经济、社会、生活方式的变化又会给高中教育带来较为直接的冲击。我国近年来的飞速发展，使得上述两方面都发生巨大变革，高中教育自身也进入了一个新阶段，需要我们在新的条件下重新审视普通高中教育的任务。

一、我国现阶段高中教育的发展形势

我国高中教育自 1922 年设立，迄今走过了百年历程，大部分时间里都属于少数人享有的精英教育。根据《中国教育统计年鉴》，1978 年我国高中阶段在校生人数只有初中在校生的

31%,也即只有不到三分之一的初中生有机会读高中。但高中教育在近二十年的时间里取得了巨大的发展,迅速由精英教育步入大众教育、普及教育阶段。

我国高中教育的大众化、普及化是一系列党的教育方针、政策推动的结果。特别是2002年党的十六大报告提出"基本普及高中阶段教育"和2007年党的十七大报告提出"加快普及高中阶段教育"直接把我国高中教育发展推上快车道。2002年我国高中教育毛入学率还只有42.8%,到2007年已达66%,到2010年更是达到82.5%,[1]五年增加23.2%,八年翻了将近一番。根据教育部网站发布的《2020年全国教育事业发展统计公报》,我国2020年高中阶段教育毛入学率为91.2%。新近国务院发布的《中国儿童发展纲要(2021—2030)》中在"儿童与教育"领域已不再提"普及"或"加快普及"高中教育,而是提出"巩固提高高中阶段教育普及水平,高中阶段教育毛入学率达到并保持在92%以上"的目标。

学术界对我国高中教育发展趋势的判断与政策走向及其表述大体一致。关于我国高中教育所处的发展阶段,许多论述参考马丁·特罗对高等教育发展阶段的划分,即毛入学率15%以下为精英教育阶段,15%—50%为大众化阶段,50%以上为普及化阶段,认为我国高中教育已进入普及化阶段。但也有学者指出,这一标准未必完全适合高中教育的性质和我国高中教育发展的实际,进而参照国家政策文件和我国高中教育发展实际情况,提出高中教育毛入学率30%以内为精英教育阶段,30%—85%为大众化阶段(其中30%—50%为初期阶段,50%—85%为成熟阶段),85%以上为普及化阶段(85%—95%为基本普及,95%以上为高度普及)。[2] 按照这一标准,我国当前处于基本普及高中教育阶段。但不管划分的标准如何,我国高中教育规模飞速扩张,广大适龄学生基本都能接受高中教育已是不争的事实。

随着我国高中教育的基本普及,高中教育发展进入新的历史发展阶段,高中教育的内外部环境都发生了变化。因此,正确认识当前高中教育所处的发展阶段,是明确现阶段高中教育的育人使命,进而描画未来高中发展战略定位的重要前提。

值得进一步思考的是,高中教育的普及不仅仅体现在入学人数的变化,更要求普通高中在价值功能、办学目标、课程教学以及评价等方面都要做相应的调整,其核心则是对普通高中的再定位问题。这不仅是社会、教育体系发展的需要,也是高中教育自身发展的需要。换言之,高中教育的普及使得已有的办学模式不再适用,需要新的思路和方法。

二、我国高中教育的主要任务

石中英指出,关于"普通高中(教育)的任务"有三种理解,一是指普通高中教育改革与发展的主要内容与目标,二是普通高中教育应坚持的价值方向、所承担的功能或所要达到的水

---

[1] 袁桂林.中国教育改革开放40年:高中教育卷[M].北京:北京师范大学出版社,2019.
[2] 闻待.高中教育发展的大众化定位[J].上海教育科研,2011(9):24—26.

平,三是普通高中教育所要培养的人的总体规格和根本质量要求。① 三种意义其实是相互关联的,第二种意义上的教育任务是第一种意义上的教育任务的具体化,又是第三种意义上的教育任务确定的依据。关于我国高中教育的任务,可以从政策、学术、实践三个角度予以梳理。

(一) 政策、学术及实践视角下的普通高中教育任务

从政策角度看,新中国成立以后我国普通高中教育任务在政策层面长期定位于"双重任务说"。所谓"双重任务",一重是为高等教育输送合格生源,另一重则是为社会培养劳动者。但随时代发展也出现了一些变化。如 20 世纪 80 年代后,在沿用双重任务说的同时,增加了"基础性""大众性""培养学生个性和特长"等提法;2003 年《普通高中课程方案(实验)》中提出"普通高中教育为学生的终身发展奠定基础",被有的学者视为普通高中教育的"第三个任务"。② 这显然是因应时代发展趋势而来的变化,亦将随着时代发展的变化而继续变化。

除了政策文本中的变化之外,学术界对于新形势下的普通高中教育任务展开了更为广泛的讨论。特别是在 2010 年后的一段时间相当活跃,出现了众多观点。对此,不同学者有各自的概括。如有学者将讨论中出现的观点归纳为四种,分别是预科论、基础论、全人论和多维论;③也有学者将其概括为双重任务说、育人说、复合性质说、大学预科说。④ 在近些年相关讨论中出现的观点里,大学预科说和基础论影响较大且存在争议。持大学预科说者认为随着我国高等教育大众化、高中教育普及化,结合社会对人才素质的要求,普通高中教育应从基础教育转变到大学预科教育,凸显其对于大学的预备性,为高等教育培养合格人才。⑤ 基础论则仍然认为高中教育属于基础教育,但与基础教育的其他学段既有共同之处,又有所不同,如应更突出学生的选择性,即"基础＋选择"。⑥ 也有学者在双重任务说的基础上将普通高中教育任务拓展为"五项任务":为成人做准备(人格教育)、为成为未来公民做准备(公民教育)、为终身发展做准备、为升学做准备、为就业做准备。⑦

如果说政策文本、学术观点代表的是人们对普通高中教育任务的主观期待和看法,普通高中在现实中追求完成的各种任务,则代表了普通高中教育任务的实践逻辑。这一点无论从历史还是现状看,不管政策上、学术上提的是双重任务,还是三重任务或五重任务,现实中的普通高中教育都不为所动地追求着"单一任务",即为升学做准备。周坤亮回顾了我国自有高中教育以来其定位的历史演变,大体如下:民国时期各种教育法令和制度规定"普通高中教育应是培养健全国民,兼顾升学与职业预备的普通教育",但实际实施的则是大学预科

① 石中英.关于当前我国普通高中教育任务的再认识[J].清华大学教育研究,2015(1):6—12.
② 石中英.关于当前我国普通高中教育任务的再认识[J].清华大学教育研究,2015(1):6—12.
③ 杨建超,孙玉丽.我国高中教育定位问题研究述评与再认识[J].教育理论与实践.2015(5):9—11.
④ 李润洲.普通高中教育的定位:"教育-人-社会"的视角[J].教育发展研究,2013(22):22—27.
⑤ 谢维和.从基础教育到大学预科——新时期高中教育的定位及其选择[N].中国教育报,2011-9-29.
⑥ 霍益萍.再谈普通高中的定位"基础＋选择"[N].中国教育报,2012-06-09(6).
⑦ 石中英.关于当前我国普通高中教育任务的再认识[J].清华大学教育研究,2015(1):6—12.

教育;新中国成立后政策层面倡导旨在全面发展的大众(普通)教育,但实际实施中,"面向大众的全面发展教育愈来愈异化为唯'升学'是从的精英教育";20世纪80年代后,一直将普通高中教育定位为基础教育,是基础教育的高级阶段;"将普通高中教育定位为基础教育,强调了其应是为使每一个国民在社会中得以生存和发展而进行的基本文化知识、基本生活技能等国民基本素养的教育,以为学生未来的升学、就业和生活打好基础"。①

(二) 普通高中教育任务的本质:育人为本,服务社会

理清政策、学术、实践层面对于普通高中教育任务的众多观点,需要我们深入把握不同观点背后的实质,特别是其所体现的价值、出发点和定位,然后再比较辨析,得出结论。循着这一思路,我们可以发现,育人为本,服务社会,是普通高中教育任务的最终落脚点。

1. 育人为本:亟待回归的初心

对于有关普通高中教育任务的众多观点,有学者从价值属性角度指出其主要体现两种价值:帮助学生做好上大学的准备、职业准备和生活准备体现的是其工具价值,为了每一个高中生的个性发展和为了每一个高中教师的专业成长则体现了其内在价值。② 也有学者认为,双重任务的表述混淆了社会对教育的选择功能和教育的育人(本质)功能,普通高中的基本任务是履行育人职能,是服务"中成"之人,舍此而过于注重双重任务或单一任务会"致使普通高中沦为高一级教育或社会用人单位的附庸而失去了自己的独立品性";普通高中存在一个任务体系,除双重任务外,"还应包括培养素质、辐射文化、服务社区、开展交流、发展自身等任务",但在根本上,应以育人统整各项任务。③ 有学者认为,只有"回到教育原点——人自身去思考普通高中教育的定位问题,方能抓住根本",即高中教育的本质是"育人",而"'育人'的普通高中教育理应尊重人的生命,培育人的精神,呵护人的个性"。④ 不管切入的视角或所用的表述如何不同,学者们都不约而同地认同"育人"应是普通高中教育的根本任务,升学准备、就业准备是普通高中教育的间接任务,是育人的自然结果。普通高中教育首先要培养高中生的健全人格、公民素养,使之成为一个个体、社会意义上合格的人。就如有学者所言,"没有健全的人格,一个人就不会成为合格的劳动者,在高等学校的学习和发展也会受到严重影响;没有健全的公民意识和责任,一个人也不会成为卓越的劳动者,不会成为未来优秀的学者型公民;没有终身学习的意识和能力,一个人无论在工作场所还是在高等学校都不可能得到不断的发展"⑤。可见,如果育人目标不能很好达成,升学、就业目标也必然实现不好。

---

① 周坤亮.普通高中教育定位的历史考察[J].全球教育展望,2014(3):22—29.
② 张华.论我国普通高中教育的性质与价值定位[J].教育研究,2013(9):67—71.
③ 崔允漷,周海涛.试论普通高中的独立价值:性质、任务和培养目标[J].全球教育展望,2002(3):7—11.
④ 李润洲.普通高中教育的定位:"教育-人-社会"的视角[J].教育发展研究,2013(22):22—27.
⑤ 石中英.关于当前我国普通高中教育任务的再认识[J].清华大学教育研究,2015(1):6—12.

2. 服务社会:重新思考"双重任务"

强调普通高中教育任务应以育人为本,不意味着忽视其升学、就业等服务社会方面的任务或功能,更不意味着只要实现了育人目标,升学、就业就唾手可得。育人为本和服务社会之间不是相互对立的关系,而是相辅相成,既有各自的侧重,又有共通的基础。在这个意义上,传统的"双重任务说"并未失效,只是根据时代发展的要求和实践运行中的偏差谬误,我们需要更新对"双重任务"的理解,赋予其更具时代性的内涵。

谈起"为就业做准备",我们很容易联想到职业技能或专业技能教育,但完整地看,为就业做准备"不单单是指职业技能的训练,还应包括职业态度和伦理的准备",或者说包括"更广泛的文化知识、职业态度、伦理及综合性、可迁移技能的学习";为升入高等学校做准备也不能理解为"为参加高考做准备",而应该理解为"为大学期间的有效学习和充分发展做准备","包括自主学习能力、批判性分析能力、信息资料的收集与分析能力、合作学习能力、学术报告能力等"。[①] 有学者从升入大学学习、参加工作、成为未来公民等任务出发,指出高中教育要为学生提供"大学学习""工作学习"和"公民学习"融合的"连接学习"的机会,帮助学生获得"如何进入大学并在大学教育中获得成功的知识"和"终身学习的知识、能力和愿望","发展丰富多彩的职业知识、技能和兴趣"(生涯教育)及"社会参与和公民生活的能力,形成服务社区的意识和社会责任感"。[②] 联系现实我们可以看出,普通高中教育在新时代若想更好地服务社会,不仅仍需坚持为就业、升学做准备的担当,而且在实施上需要扩展内容,加强原本缺失或薄弱的生涯教育、学会学习、社区参与等方面的内容。

需要注意的是,无论是升学、就业还是育人,普通高中教育应发挥的都是"基础"作用。因此,普通高中教育仍属于基础教育。这一定位也是始终得到官方认可的。如教育部 2003年颁布的《普通高中课程方案(实验)》中明确指出:"普通高中教育是在九年义务教育基础上进一步提高国民素质、面向大众的基础教育。"不过,关于这当中基础的含义却是随时代发展在发生着变化。石中英指出,随着我国经济转型升级和增长方式的转变,高中教育在初级劳动力供给方面的基础性作用越发明显。但这当中的基础性具有和以往不同的新含义:"随着社会主义市场经济的不断完善,劳动力市场所需要的初级劳动者越来越应该具有自主意识、个性意识和创新意识,因此,提出普通高中教育的选择性、个性化和多样化,恰恰是对传统意义上基础性的丰富、更新和发展。"[③]《国家中长期教育改革和发展规划纲要(2010—2020)》提出:"高中阶段教育是学生个性形成、自主发展的关键时期,对于提高国民素质和培养创新人才具有特殊意义。"

总体来看,坚持高中教育的基础教育属性,并赋予其时代性的新内涵,统筹兼顾升学、就业、生活预备和学生个性化发展,应是新时代高中教育的主要任务。

---

① 石中英. 关于当前我国普通高中教育任务的再认识[J]. 清华大学教育研究,2015(1):6—12.
② 张华. 论我国普通高中教育的性质与价值定位[J]. 教育研究,2013(9):67—71.
③ 石中英. 关于现阶段普通高中教育性质的再认识[J]. 教育研究,2014(10):18—25.

第二节　普通高中发展的可能路径与基本理念

理清当前我国普通高中教育的发展趋势和主要任务,使得普通高中教育的改革、发展有了基本的依托和遵循,那么通过何种路径才能完成普通高中承担的任务,作为区域层面普通高中教育改革的杨浦高中"双新"示范区建设又该树立何种理念,才足以"示范"呢?

一、我国普通高中发展的可能路径

对于在新形势下我国普通高中教育发展的可能路径的选择,研究者、政策制定者和改革家一直在建言献策,进行讨论甚至争鸣。梳理纷纭众说,影响比较大的主要是如下三种路径。

(一) 多样化

普通高中多样化发展是社会对人才需求多样化的要求,也是个体发展多样化、差异性的需要,是我国当前普通高中教育发展政策的主导方向。2010 年发布的《国家中长期教育改革和发展规划纲要(2010—2020)》提出"推动普通高中多样化发展。促进办学体制多样化,扩大优质资源。推进培养模式多样化,满足不同潜质学生的发展需要。探索发现和培养创新人才"[①]。这直接引发了遍及全国的普通高中多样化发展实验。这当中包括作为国家教育体制改革试点工作的一部分,由北京市、天津市、上海市、南京市、黑龙江省和新疆维吾尔自治区组成的"开展普通高中多样化、特色化发展试验"国家级试验区的探索。总体来看,各地对普通高中多样化发展的探索也是多样化的。如北京试验区主要围绕特色学校建设项目、特色实验班项目、普职融通实验项目等展开探索;黑龙江省试验区则设定了 9 种特色化高中类型,包括综合高中类、高二分流类、艺体特色类、外语特色类、理科特色类、人文特色类、科技教育特色类、创新型拔尖人才培养类、其他类。此外,一些地方也围绕高中的特色化办学开展了实践研究,如浙江省宁波市教育局于 2014 年印发《宁波市普通高中多样化发展三年提升行动计划(2014—2016)》,构建由学术型高中、学科特色高中、普职融通高中、国际教育高中构成的宁波市普通高中多样化特色化办学格局。[②] 这样或有组织的、或自发的实验和探索改变了我国高中同质化严重、千校一面的格局,取得了很好的成效,至今仍在继续。

---

① 国家中长期教育改革和发展规划纲要(2010—2020)[Z].北京:人民教育出版社,2010:25.

② 袁桂林.中国教育改革开放 40 年:高中教育卷[M].北京:北京师范大学出版社,2019:243—331.

(二) 特色化

特色化与多样化一体两面,密不可分。普通高中若想走向多样化,就必须谋求特色化建设,走特色化发展之路。上述的普通高中多样化建设尝试,也无不以特色化为落脚点。由于高中发展的同质化和把升学率作为唯一评价标准的办学取向有关,高中的特色化发展或有助于破解极端应试教育的困局及其带来的教育不均衡、不公平。有学者指出,"高中特色化发展,就是走一条错位竞争、差异发展的道路,让每所学校都可以根据自己的历史基础,结合当下的现实需要,办出自身的特色,这样,不同高中就无所谓好坏、高低之分,只有发展类别的差异。在这种背景下,如果说还有择校,那么'择'的不是好高中、重点高中,'择'的是不同特色的高中,是最适合个体发展的高中。教育不公平、教育不均衡发展等问题都相应得到了解决"[①]。高中特色化发展一方面需要政府加强统筹规划,结合本地区实际进行整体布局,适当划分类别并予以分类指导,另一方面也需要充分释放学校的办学自主权,特别是课程自主权。"丰富且具有高度选择性的课程体系是学校特色的重要体现,也是实施特色建设的主要途径"[②],而只有赋予学校充分的办学自主权,学校才能开发、设置适合本校资源、学生实际的丰富多样的课程,学校的特色才能真正落实到学生发展上来。

(三) 综合化

有学者指出,我国高中教育的发展方向应是"走向综合化",综合化是"基于教育民主的追求确定的我国高中教育的发展方向"[③]。所谓"综合化",针对的是普通高中和职业高中相互隔离、壁垒分明的二元对立格局这一制约高中教育发展的根本问题。两者的二元对立使得职业教育沦为"失败者教育",普通教育沦为"应试教育"。"以教育民主为根本追求的高中教育改革必然要求消解'普职对立',实现综合化。""所谓教育综合化,其根本与核心就是体现教育的职业方面与社会生活方面,谋求文化教育与职业教育、学术学科与实践学科、认识与行动的统一与融合。""所谓高中教育综合化,即是在高中阶段、针对高中生的特点和需求实现文化教育与职业教育、学术学科与实践学科、书本学习与实践操作的融合。倘若高中阶段教育的组织区分为相对独立的'普通高中'与'职业高中',则需充分体现普通高中的'职业方面',职业高中的'学术方面',并建立两类高中之间的有机联系。"立足于综合化原则重建普通高中教育需要把培养学生的职业意识、生涯规划能力和社会公民素养作为普通高中教育的重要目标;大力倡导工作连接学习(work-linked learning),将学生的课程学习与职业世界和学生未来可能从事的工作有机联系起来,同时把联系职业世界和社会生活的项目学习

---

① 刘丽群.特色化:我国普通高中教育发展的基本走向[J].湖南师范大学教育科学学报,2012(6):62—65.
② 刘丽群.特色化:我国普通高中教育发展的基本走向[J].湖南师范大学教育科学学报,2012(6):62—65.
③ 张华.我国高中教育发展方向:走向综合化[J].全球教育展望,2014(3):3—12.

或设计学习(project-based learning)作为学生的基本学习方式之一。①

仔细比较上述三种可能路径不难发现,多样化和特色化实际上是内在一致的。多样化更多是从高中教育整体而言,特色化则主要是从学校个体发展来看。每所高中若是都能办出自己的特色,整个高中教育也就必然呈现出多样化的样态。相比之下,无论从含义上,还是实践中,综合化乃是特色化的一种路径,在已经开展的普通高中多样化特色化改革实验中,便有众多学校选择普职融合的综合化作为自己的特色。因此,三种路径可以被统合为一种,即多样化特色化发展。在 2021 年 9 月发布的《中国儿童发展纲要(2021—2030)》中提出的"进一步普及高中阶段教育",其具体解释便是"加快普通高中育人方式改革,推动高中阶段学校多样化有特色发展,满足学生个性化、多样化发展需要。推进中等职业教育和普通高中教育协调发展,建立中等职业教育和普通高中统一招生平台,深化职普融通"。从上述分析出发,实质上即为多样化、特色化与综合化三种路径的整合。

二、杨浦区高中建设的基本理念

结合前述我国普通高中教育发展趋势、主要任务,以及我国课程与教学改革整体方向和国际高中课程与教学改革的现状,考虑杨浦区高中发展状况和建设的示范性要求,我们认为应确立如下基本理念。

(一) 以促进立德树人、五育并举扎实落地为根本

在 2019 年 6 月由国务院办公厅发布的《关于新时代推进普通高中育人方式改革的指导意见》(国办发【2019】29 号)中,明确提出要"把立德树人作为普通高中教育教学工作的核心,作为各方面工作的核心指导理念",将"落实立德树人机制"作为改革的总任务。2019 年 6 月23 日,中共中央、国务院出台的《关于深化教育教学改革全面提高义务教育质量的意见》(以下简称《意见》)中明确"坚持五育并举",并把实现"德智体美劳"全面素质发展作为衡量教育质量的根本标准。两个"意见"的发布,表明了我国高质量教育建设,包括高中教育改革的基本方向是以立德树人为根本任务,以五育并举作为具体目标和途径,这也必然成为杨浦区高中建设的指引。换言之,杨浦区高中建设的首要理念应是贯彻立德树人、五育并举,并为其在区域高中层面如何具体落实探索扎实推进之路。在课程层面,有学者提出实现五育融合在落实上有两条路径:一是贯彻落实国家课程方案,因为国家课程方案的设计上已体现了五育融合的理念;二是开发凸显学校五育并举特色的校本课程。具体操作上,要以课程综合化为主线,一方面"挖掘课程标准与教材内容中的育人点进行学科内与学科间的整合,开展学科课程的综合学习设计与实施",另一方面,"以问题情境为始点,以'五育'融通为核心关切,

---

① 张华.我国高中教育发展方向:走向综合化[J].全球教育展望,2014(3):3—12.

确立主题,开展单元化设计"。① 这显然与高中课程与教学改革注重课程整合的总体趋势也是一致的。

(二) 以探索学校层面培育核心素养的课程路径和推进策略为重点

核心素养培育无疑是当今国际课程改革最主要的发展方向,也是我国当前课程改革的主要落脚点。在理论层面,我国目前已初步建立了符合自身国情的核心素养框架,并在 2017 年普通高中课程标准修订中建立了完备的学科核心素养体系,迈出了核心素养融入课程的重要一步。但课标中各学科核心素养体系的建立充其量是文件课程意义上的核心素养融入,若要将核心素养从文本上的表述真正转变为学生的素养发展,还需在学校层面推进核心素养的培育。对相关先发国家实践经验的研究表明,这需要借助在学校课程方案、科目及课堂三个层面连续的课程整合并采取一系列推进策略。② 具体而言,核心素养应融入学校课程方案的学校愿景或章程中,以塑造学校课程的整体特点和方向;科目层面应将核心素养融入各学习领域、学科的课程目标及各年级的发展目标中,以增强围绕核心素养的课程水平和垂直统整;课堂层面,采取跨学科学习或学科渗透核心素养的方式革新教学。在推进上,应注意给学校基于核心素养的课程整合留出充足空间,为教师开展基于核心素养的课程整合提供工具和案例作为支架,在教师和研究者之间建立有效的伙伴关系,共同推动基于核心素养的课程整合,同时注重以持续评估推动基于核心素养的课程整合的逐步深化。这些经验都值得我们在探索如何在学校层面推进核心素养的培育方面加以借鉴。

(三) 以立足"双减"深化高质量、技术融合的课堂教学改革为关键

减轻义务教育阶段学生作业负担和校外培训负担("双减"),是我国当前推进高质量教育发展的重要举措,是国家政策层面针对学生学业负担过重这一"沉疴"所下的一剂"猛药"。"双减"政策的推出有助于教育回归育人本质,有助于营造健康的教育生态,也有助于课堂教学回归"主阵地"地位,也对课堂教学改革深化,提质增效提出了更高的要求。对于具体可以从哪些方面着手深化课堂教学深化改革,2019 年 6 月 23 日由中共中央、国务院发布的《关于深化教育教学改革全面提高义务教育质量的意见》中指出了明确的方向。《意见》"强化课堂主阵地作用,切实提高课堂教学质量"部分包含了四点要求:优化教学方式,加强教学管理,完善作业考试辅导和促进信息技术与教育教学融合应用。尤其是优化教学方式和促进信息技术与教育教学融合,对于立足"双减"推动课堂教学转型具有重要意义。在优化教学方式方面,强调"注重启发式、互动式、探究式教学","探索基于学科的课程综合化教学,开展研究型、项目化、合作式学习","重视差异化教学和个别化指导"。这与我国新课程改革以来倡导

① 安桂清.五育并举与融合[J].湖南教育(D版),2021:10.
② 刘宇.指向核心素养培育的课程整合及其推进策略——以新西兰为例[J].全球教育展望,2021(6):3—11.

的课堂教学转型方向是一脉相承的,对于面向第四次工业革命时代人才高阶思维能力的培养也是至关重要的。在这一过程中,大数据、智能机器人、虚拟现实、增强现实技术以及成本更低、使用更便捷的自适应学习系统等对于教学方式转变和课堂教学效率提升有望发挥巨大的促进作用。

第三节 高中"双新"国家级示范区建设的任务与要求

2018 年以来,国务院、教育部陆续出台了《关于新时代推进普通高中育人方式改革的指导意见》《关于做好普通高中新课程新教材实施工作的指导意见》(教基〔2018〕15 号)和《教育部办公厅关于遴选建立普通高中新课程新教材实施国家级示范区和示范校的通知》(教基厅函〔2020〕8 号),提出了建设好国家级示范区示范校,充分发挥其在普通高中新课程新教材实施中的示范引领作用,推动深化普通高中课程改革,提高新课程新教材实施质量,落实立德树人根本任务,并制定了具体的推进工作实施方案。

一、工作目标

用五年左右的时间,在全国建设普通高中新课程新教材实施 32 个国家级示范区和 96 个国家级示范校。探索不同地区和学校有效推进普通高中新课程新教材的实践路径,形成实践模型;培养一批具有先进教育理念、卓越实践成果的优秀校长、教师和教研员;积累一批指向问题解决,具有示范作用、借鉴意义和推广价值的经验和成果,对全国全面推进普通高中新课程新教材转化落地发挥示范、辐射和引领作用。

二、工作思路

按照统筹规划、分批推进、分类指导、先实验后推广的总体原则,在注重实践研究、强化过程指导的基础上,整体培育、总结提炼区域和学校推进普通高中新课程新教材的典型经验,以点带面推动全国普通高中新课程新教材实施工作。

(一) 做好顶层设计

示范区示范校建设是一个系统工程,涉及区域和学校层面的课程实施规划、教学改革、考试评价、资源开发、制度建设、队伍建设、专业支撑、条件保障等诸多方面的重要内容,涉及行政队伍、教研队伍、校长队伍、教师队伍等诸多课程实施主体。为此,必须注重统筹协调,协同多方专业力量,一体化、整体性推进示范区示范校建设。

（二）强化研究指导

教育部和示范区示范校围绕新课程新教材实施中的重难点问题开展实践研究,以专项研究带动示范区示范校普通高中新课程新教材的转化落地;通过顶层设计、培训研修、实地指导、工作交流等多种形式指导活动,对示范区示范校进行全过程的指导与服务。

（三）鼓励首创精神

强化示范区示范校主体责任,鼓励示范区示范校在总结提炼已有改革经验成果和建设工作统一要求的基础上,解放思想、勇于创新、大胆探索、积极实践,深化示范区示范校相关体制机制改革;围绕实施普通高中新课程新教材过程中的重难点问题,创新思路和方法,全面落实普通高中新课程新教材。

（四）注重总结交流

注重总结交流已有改革经验成果,注重培育和挖掘示范区示范校在建设工作中取得的典型经验和优秀成果,及时推广宣传好的工作思路、工作机制、工作经验和工作成果,发挥好示范、辐射和带动作用。

（五）加强评估改进

定期对示范区示范校普通高中新课程新教材实施情况开展调研与评估工作,了解情况、总结经验、表彰先进;发现问题、研究对策、促进改进。

三、工作任务

（一）示范区工作任务

1. 在总结提炼已有改革经验成果的基础上,研究制定示范区建设工作三年规划,制定完善本地新课程新教材实施方案,指导示范区内普通高中学校研制课程实施规划以及示范校建设工作三年规划;

2. 积极参加教育部组织开展的面向示范区示范校的研培活动,组织开展示范区内的新课程新教材培训;

3. 以课程建设为抓手,推动普通高中课程方案在示范区内的转化落地,重点做好指向学生德智体美劳全面发展的区域课程体系建设研究与实践;

4. 依托新课标新教材,深化基于学科核心素养的教学改革,推进深度学习、信息技术与教学深度融合等领域的研究与实践;

5. 以研究促进考试评价制度建设,重点加强基于普通高中学业质量标准的考试评价研究和普通高中学生综合素质评价研究,为落实人才培养目标服务;

6. 举全区之力为示范区示范校建设工作提供相关的配套政策和条件保障;

7. 加强教研工作体系建设,通过区级教研机构改革与功能发挥,以及指导示范校校本教

研的开展,形成教研工作区校联动的良好态势,同时,通过专兼职教研员队伍建设,进一步提升区校两级教研工作的质量;

8. 针对区域新课程新教材落实情况开展自我评估,发现问题、及时改进,同时,组织开展建设工作交流,及时总结、宣传和推广典型经验和改革成果。

(二) 示范校工作任务

1. 在总结提炼已有改革经验成果的基础上,研制示范校建设工作三年规划和课程实施规划;

2. 积极参加各级各类面向示范区示范校的研培活动,推荐优秀教师承担新课程新教材培训任务;

3. 以课程建设为抓手,推动普通高中课程方案在校内的转化落地,重点做好分类选课走班、学生发展指导、教学管理等研究与实践;

4. 依托新课标新教材,深化基于学科核心素养的教学改革,推进深度学习、信息技术与教学深度融合等领域的研究与实践;

5. 加强考试评价研究,以普通高中学生综合素质评价研究为突破口,促进学生全面而有个性的发展;

6. 提供必要的配套制度与条件保障,举全校之力推进示范校建设工作;

7. 针对学校新课程新教材落实情况开展自我评估,发现问题、及时改进,同时,总结经验做法,形成典型案例,通过建立与薄弱高中、农村学校对口帮扶等机制,切实发挥好示范引领和带动作用。

第三章 杨浦区普通高中课程教学现状

第一节 基本情况

　　杨浦区位于上海的东北角,是一个有着"百年工业、百年大学、百年市政"等深厚文化底蕴、悠久革命历史的老工业区,也是一个积极探索实践、勇于改革创新的教育大区。作为上海市整体教育综合改革实验区、上海市唯——个基础教育创新试验区(第四轮)、全国"基于教学改革,融合信息技术的新型教与学模式"实验区、全国中小学劳动教育实验区、全国"学习型城区建设"示范基地等多个研究基地,杨浦区基础教育的质量在上海市名列前茅。在申报"双新"国家级示范区的过程中,杨浦区在卜健局长的带领下,第一时间组建了专家团队和研究团队,立足区情,领会精神,明确方向,聚焦杨浦"双新"实施需要破解的关键问题,制定了相应的行动方案。

一、学校基本情况

　　杨浦区普通高中教育资源丰富,共有 15 所学校。其中,12 所是高级中学,2 所是完全中学,1 所是十二年一贯制学校。按公民办性质划分,14 所是公办普通高中,1 所是民办普通高中(上海市民办上实剑桥外国语中学)。按直属管理上级划分,2 所是上海市委属高中(复旦大学附属中学、上海交通大学附属中学),13 所区属高中。

　　截至 2020 年,杨浦区普通高中基本实现了"高质量、多样化、有特色、可选择"的发展目标。5 所学校成为上海市实验性示范性高中(复旦大学附属中学、上海交通大学附属中学、控江中学、杨浦高级中学、同济大学第一附属中学),9 所学校获评杨浦区实验性示范性高中(上海市市东实验学校、上海市复旦实验中学、上海理工大学附属中学、上海市中原中学、上海财经大学附属中学、上海市同济中学、上海市少云中学、上海市民星中学、上海市体育学院附属中学),仅1所一般高中(上海市民办上实剑桥外国语中学)。特色高中建设初步探索出"三阶段"(特色项目、学校特色、特色学校)、"四层级"(精品课程、创新实验室、校园环境、资源辐射)的杨浦模式,5所高中成为上海市特色普通高中创建学校,上海理工大学附属中学创成"上海市特色普通高中"。教育研究成效突出,持续推进了2个教育联盟、6个学科高地工作,出版和汇编研究成果近40项。2项学校成果荣获国家基础教育教学成果二等奖,20项教育教学成果获市级奖项。3所高中成为市级课程领导力项目校。"走班制"教学模式探索课题成为市综改重点项目,研究成果被全国教育科学规划办内参《教育决策参考》刊用。

凭借优质的高中教育资源、扎实的教育研究基础,2020年7月,杨浦区被教育部确定为"普通高中新课程新教材实施国家级示范区",同济大学第一附属中学被确定为"普通高中新课程新教材实施国家级示范校"。

 参考材料 ···

上海理工大学附属中学的特色高中建设①

上海理工大学附属中学特色发展经历了三个阶段:一是特色项目阶段,1984年学校被列为区重点中学。计算机特色项目形成,理科教学优势凸显,学生屡屡在数学、物理、计算机等学科的国际、全国比赛中斩获奖项,并产生了上海市高考理科状元;二是学校特色阶段,2003年,学校在杨浦区政府的大力推动下,依托上海理工大学合作办学,更名为上海理工大学附属中学,利用理工大学学科优势,学校进一步发展科技特色,逐渐形成了计算机、机器人、头脑OM三大科技教育品牌,2008年学校被评为上海市科技教育特色示范学校;三是特色学校创建阶段。2011年,学校制定了《高中创新驱动特色发展试验项目实施方案》,并着手开始实践研究。2014年4月,教育局对高中创新驱动特色发展工作进行了终期评审,学校被评为优秀。同年,以"培育高中生工程素养"为特色,成功申报成为上海市特色高中创建首批项目校,并于2016年12月进行了面向全市的特色普通高中展示交流。2017年11月,学校接受上海市特色普通高中评估并通过初评,2018年10月,学校进行了上海市特色普通高中的复评工作,并于2019年4月被正式授牌为"上海市特色普通高中"。

学校文化是特色发展的核心与灵魂,特色乃学校之文化个性。回顾学校特色发展历程,始终以"尚理"文化为主线,贯穿于特色创建的全过程,引领特色创建的各领域。"尚理"成为所有上理附中人的精神意蕴和文化追求,并内化成师生共同的价值取向和发展愿景。

二、师资队伍基本情况

区内15所普通高中的全体教师参与此次教师基本情况调查,共计1271名教师。其中,

---

① 引自上海理工大学附属中学官网(http://fwpt. yp. edu. sh. cn/shlgdxfszx/xxgl/xxbxjbqk. htm)。

男性教师 383 名,占比为 30.1%;女性教师 888 名,占比为 69.9%。不承担行政、管理职务的学科教师为 963 名,占比为 75.8%。

在学科分布上,语文、数学、外语教师的数量均在 16% 左右,物理、化学、体育教师均在 8% 左右,生命科学、地理、历史、思想政治教师均在 5% 左右。信息科技、艺术教师在 2% 左右,通用技术(劳动技术)教师仅有 0.9%。在教龄分布上,5 年以下教龄教师占 17.9%,5—10 年教龄教师占 14%,11—20 年教龄教师占 27.2%,21—30 年教龄教师占 30.2%,30 年以上教龄教师占 10.7%。在职称分布上,中级、高级教师最多,分别占 50.6%、26.9%,正高级教师占 0.9%,初级和未评级教师分别占 17.7%、3.9%。在学位分布上,取得学士、硕士学位的教师最多,分别占 49.8%、42.4%,取得博士学位教师占 1.9%。

三、软硬件设施情况

为满足高中学生全面而个性的发展需求,适应分层教学、选科选考、走班制等教学需要,推动学校的创新发展、特色发展,杨浦区积极落实学校专用教室、场馆的建设。以同济大学第一附属中学为例,该校在区域带领下提出"普通教室实验室化、实验室多功能化、创新实验室智能化、公共空间自主化"的学习空间建设目标。

截至 2021 年底,全区 15 所普通高中均建有图书馆(阅览室)至少 1 个,平均总面积达 708 平方米;均建有室内操场至少 1 个,13 所学校拥有室内运动馆;半数以上学校建有剧场影院;学校另设特色场馆,满足校本化的人才培养需要。学校专用教室基本覆盖了语言、人文、理科、艺术、技术、综合等学习领域,11 所学校覆盖程度达 100%,为单学科、多学科乃至跨学科学习提供了充足的场地设备资源。学校贴合课程体系建设要求,在某些优势领域或特色领域进行倾斜,有重点地建设专用教室。例如,以财经素养为培育特色的上海财经大学附属中学,现有的跨学科类实验室与"金融""财经"相关度比较高,模拟有关银行、企业、券商、个人等角色,已经建立较为成熟的课程,有较为成熟的教师,且长期得到上海财经大学教师的专业指导,支撑起学校"金融"特色,受益学生众多。

据调查统计,所有学校均反映已有专用教室、场馆基本满足教学需要。同时也发现,对照《上海市普通高中学校校舍建设标准》的建设要求,部分学校的语言类教室、技术类教室低于标准间数 1 间,部分学校的室外操场面积低于生均标准 2.5 至 4.4 个平方米不等,剧院影院面积低于生均标准 0.2 至 0.3 个平方米,有 2 所学校没有室内体育馆。

学校信息环境建设借助"创智云课堂"等教育信息化项目,朝着区域全覆盖的目标迈进,有效推进了特色高中建设工作,实现了"人人皆学、处处能学、时时可学"的智能信息化校园环境。

其一,学校均自建学校官网,彰显个性化设计。并依照教委信息公开规范和教育信息公开要求,迁移到教育局信息中心的集群系统,集成学校办公 OA 系统,实现规范管理。

其二,学校均积极创建数字化校园。教育局自建光缆连接到系统内的高中阶段教育单位,无线网络接入全覆盖,网络信息系统达到安全等级保护三级水平。学校每间教室均配备了互动多媒体设备,每校具有不少于一套录播系统,视频安全监控覆盖所有学校重点场所。教师均拥有移动办公设备。标准化考场满足各种考试需求。建成了一批具有智能感知、校园一卡通、电子班牌、特色课程群等特征的数字化校园。基本建成学校智能图书馆,按照高中特色多样化发展要求,推进图书馆规范化、科学化、特色化建设。同济大学第一附属中学成为上海市首批信息化应用标杆学校培育校。

其三,学校持续探索智慧课堂应用。"创智云课堂"教学平台已经广泛应用到高中学校,全面支撑创智课堂,探索学习内容、教学方式和教学空间的创新,帮助实现区域内教育资源的共享与重构。

据调查统计,学校均建构了信息化平台并具备使用条件。在教学管理功能上,师生信息管理、课表管理最为普遍,分别有 87%、73% 的覆盖率,部分学校的信息化平台可以进行实验室和教学管理、图书管理、教研管理、档案管理、财产管理、科研管理、培训管理。在教学应用功能上,支持数据采集与分析较为常见,有 67% 的覆盖率,近半数学校的信息化平台可支持考试实施、家校联系,部分学校能利用平台进行作业实施,帮助教学设计、综合评价、德育实施、综合实践活动实施、劳动实施。

据学校反映,在进行学校课程、备课、上课、作业、辅导、评价、研修等教学常规业务时,绝大部分业务都使用到信息化系统,约 80% 及以上的教师常态化使用着电子黑板(白板)等信息化终端,约 60% 至 79% 的教师能够利用预习、作业、评价等数据实施因材施教。大多数学校在部分学科探索了如何利用信息技术收集学生预习、作业、评价等数据,开发或收集了学科类数字资源放在学校信息化系统。同时,学校采取了大量保障举措来推动信息化建设,包括成立领导小组和工作小组;建立学校基本的信息化管理制度;设置专门的技术部门和人员负责学校信息化设备、系统的运维;将提升教师信息化应用能力纳入研修计划,组织开展专项培训。

各校在过程中逐渐形成信息化应用特色。以上海交通大学附属中学为例,该校将学校行课教室和正规实训室建成基于物联网技术集智慧教学(智慧课堂)、师生考勤、环境智慧调节、视频监控及远程控制于一体的新型现代化智慧教室 50 间、智慧实作室 35 间;建成利用虚拟技术模拟教学场景的 3D 智慧教室 1 间,建成新型创客智慧实训室 1 间。另外,建立一体化出入管理系统,涵盖车辆、师生、访客出入校门自动管理,教室、实训室、办公室、寝室的进出权限管理以及校园电子围篱的建设;升级数字化校园平台,建设智慧学术厅或会议室及录播室。通过一系列信息化平台软硬件的搭建,该校不仅在日常教学中能完成学生、教师、学校间的即时沟通,在疫情期间开展重大教研活动时也游刃有余,管理效率和决策水平得到有效提高。

第二节　主要优势

一、深厚的文化底蕴

杨浦是上海中心城区中面积最大、人口最多的区。在上海的百年发展中,杨浦承载了工业起步的艰辛,见证了红色初心的启航,汇聚了全上海密度最高的高校群。"百年工业""百年市政""百年大学"的丰厚历史底蕴,是杨浦延续历史文脉、弘扬传统文化、提升城区功能、优化人文环境的生动、有效的载体。

(一) 百年工业

杨浦是上海乃至中国近代工业的发祥地,其近代工业始于 19 世纪 80 年代。清光绪八年(1882 年),经李鸿章批准,官督商办的上海机器造纸局投产;1883 年英商又沿黄浦江畔建立了中国第一座现代化水厂——杨树浦水厂;1890 年官商办的上海机器织布局投产,这是国内最早的机器棉纺织厂。20 世纪 20 年代初,陈独秀主编的《新青年》月刊上发表的《上海劳工状况》一文描述道:"近年来上海的工厂,一天发达一天了。其中纱厂为最多数,那贫民的生计,便因此一振。杨树浦一带,竟可称他为一个工业社会。"至 1927 年,区境内已有 57 家外资工厂,民族工业已发展到 301 家,其中轻纺工业已具一定规模,纺锭数占全市 45.4%。1949 年,杨浦区有企业近千家,职工近 10 万人,工业总产值达 7.2 亿元,占全国的 5%、占全市的 20%左右,在上海乃至全国闻名。

多年来,作为中国近代工业文明的发源地,杨浦始终秉持匠心精神,不断创新岁月的轴轮,用自己色彩怒放的璀璨生命,谱写岁月峥嵘,使百年前的工业遗存重现风貌、重塑功能、体现特色、传承工业文明,让工业锈带逐步发展为服务于市民休闲健身、观光旅游的公共空间和生活秀带。

(二) 百年市政

杨浦还是近代上海第一个具有现代意义的大型、综合性城市规划"大上海计划"的所在地。1927 年 7 月,上海特别市政府成立,为了与租界相抗衡,联结闸北、南市等华界,制定了"大上海计划",选址今五角场地区的翔殷路以北、闸殷路以南、淞沪路以东、黄浦江以西的土地约 7 000 亩作为市中心区,规划设有行政区、商业区、住宅区,以及相应的交通设施,包括铁路、港口、道路等。当局遵循孙中山先生的遗教,于 1929 年 7 月公布了《建设上海市中心区域计划书》。之后,市政府还进一步提出了《黄浦江虬江码头计划》《上海市分区计划》《上海市道路计划》。并辟建虹江码头,实现了以五角场为新华界中心的近 60 条放射干道网的建设。这一 20 世纪 30 年代的"大上海计划",是上海历史上第一次全面的、大规模的、综合性的城市发展总体规划。杏黄琉璃瓦,重檐歇山顶,这里曾燃起大上海之梦的曙光,这里曾承载中华崛起之希望。

时至今日,杨浦仍保存着旧上海市政府新厦、市博物馆、市体育场、市图书馆等一批历经百年沧桑风采依旧的优秀历史建筑群。通过以杨浦图书馆、长海影像楼、体院绿瓦楼、江湾体育场、飞机楼等为代表的一系列历史建筑,在新旧变革中,可以看见杨浦未来之盛世光景。

(三) 百年大学

杨浦深厚的文化底蕴背后还有一所所百年大学的历史积淀。杨浦科教资源丰富,20 世纪初,境内就出现了教会创办的大学。至 20 世纪 30—40 年代,教育事业迅速发展,区域内坐落着 14 所各类高等院校,其数量超过了上海市高校总数的三分之一,被誉为"上海学府中央区"。在这些学校中,有历史悠久、学科门类齐全的综合性大学如复旦大学、同济大学,也有专业特色显著、为行业培养高级人才的上海财经大学、上海理工大学、上海海洋大学、上海电力大学、上海体育学院、上海城建职业学院;也有所属于军队的第二军医大学、解放军南京政治学院上海分院;有向社会开放的成人高等学校如上海电视大学、杨浦区业余大学,也有列入国家计划招生范围的优秀民办学校如上海济光职业技术学院、上海东方文化职业学院。

百年大学,科教资源,是杨浦实现"科教兴市"主战略的坚实基础,也是杨浦构建知识创新区的动力源泉。十年树木,百年树人,时光为媒,青春为聘,百年大学正在杨浦散发夺目光彩。

二、丰厚的创新教育成果

多年来,为顺应时代发展对人才培养提出的新需求,杨浦坚持教育优先发展战略,围绕"为每一个学生的未来奠基"的育人理念,以创新为己任,以创新不断增强教育底气,提升教育效能。杨浦教育聚焦上海市基础教育创新试验区建设,持续推进课程领导力和创智课堂这两张特色名片,围绕课程变革、课堂转型、师资队伍建设、教育评价、资源平台建设等方面全面深化教育综合改革,不断完善基础教育创新试验区建设的推进机制,积累系列研究成果,推广实践经验,努力提高课程实施品质,促进教师育人方式的转型和学生学习方式的变革,优化区域教育研究与教育创新的文化生态,为杨浦学生创新素养的培养提供新的平台和新的能量,使人民群众的教育获得感不断增强,教育的影响力不断提升,为上海市教育现代化建设和杨浦城区发展作出了重要贡献。

(一) 三轮创新试验区建设，形成了项目推进的初步机制

作为上海市唯一的基础教育改革创新试验区，杨浦一直走在基础教育教学改革的前沿，先后推进了三轮创新试验区建设，积累了较为丰富的教育教学改革成果与经验。

一是创新培育区域推进机制，杨浦开展了三轮创新试验区建设，围绕课程整体改革，推进"创智课堂"的实践研究、"区域创新实验室联合运作体系建设"等七个创新行动项目，旨在培养创新型人才；二是人才贯通培养机制，形成复旦大学、同济大学、上海财经大学、上海理工大学等高校领衔的基础教育集团，上海外国语大学、上海音乐学院、上海体育学院向杨浦高中辐射优质教育资源，架构了"四链三点"的贯通培养机制；三是跨校协同共育机制，建设复旦附中教育联盟、交大附中教育联盟、控江中学教育集团、同育创新素养联盟、创新实验室联盟、学生发展指导联盟和高中学科高地等教育平台，为区域协同联动、资源整合创造了条件。

(二) 两轮课程领导力项目，形成了课程育人的杨浦共识

杨浦对接上海市课程思想力、设计力、执行力、评价力的四力框架，聚焦课堂文化转型，围绕课堂变革的理念、行为、制度和环境积极开展"提升中小学（幼儿园）课程领导力行动研究"。以课程文本、课堂文化转型和课例研究为载体，从课程文本的设计、课程文本的转化、真实课程的实现、已有课程的更新四个方面着紧用力，分步骤有重点地予以推进。聚焦教师能力提升，区校协同联动，分层研修。聚焦核心问题的解决，强化示范引领，突破带动。聚焦循证实践，强化迭代改进，营造变革生态。

经过多年的实践与探索，基本形成了杨浦理解与文化共识。第一，形成了由行政主导走向专业引领的区域教育变革模式。第二，培育了一支开展课例研究的骨干团队，成就了一批品牌学校，3 所高中先后成为市级课程领导力项目校，3 所高中成为区级项目校，初步打造了区域课堂新样态。第三，研究成果在国内外产生了广泛辐射影响。现已积累 60 多份项目研究方案，22 篇学校课程文本设计的案例等成果。在 2017 年上海市基础教育教学成果奖评比中有 8 项成果获奖；在世界课例研究大会、上海课改 30 年专场活动、课程领导力市级展示活动中多次做主题报告；第一教育等新媒体予以推介宣传，并辐射至北京、云南等地。第四，打造了一批特色课程，建设了课程共享平台。以《上海市推进特色普通高中建设三年行动计划（2016—2018 年）》文件精神为指导，通过三轮 9 年创建，高中特色课程总计有 300 余门，初步形成区域高中特色创新素养课程链。建成"互联网＋"环境下的高中课程共享平台，"低碳生活与科技"等 14 门高中特色课程，"机器人是怎样炼成的"等 12 门慕课课程，以及 16 门初高中衔接课程和 4 门综合实践微课程，扩大了区域优质课程资源的受益面。

(三) 三轮"创智课堂"不断探索，形成了课堂教学的基础样本

杨浦深入开展"创智课堂"理念落地实践及成果转化研究，以学习者的学习创新为核心，

教师的教学创新为依托,突破传统的教学结构及形态,促进师生智慧的生成。

在近 7 年的研究历程中,历经了理论框架建构、理论框架落地实践、部分学校先试先行到区域整体推进三个发展阶段,以教研员为主体的攻坚团队在区域课堂变革的旅途中同创智行,形成了系列研究成果和实践成效,构建了"创智课堂"理论框架,编制了"创智课堂"13 门学科实践指南,开发了 4 辑"创智课堂"表现样例集,建设了 500 余节课的建设资源包,编写了 58 本专著与成果集、30 余篇论文,研制了 50 多个学科教研课程化培训案例与相关教材,形成了"教研员—学校学科教学领航人员—学科教师"三级变革主体主导,"实践指南—教学示范—表现样例"三位一体的基层课堂变革实践路径,搭建了集研讨、实践、评价、推广等功能于一体的多层级多类型平台,提炼了可复制可推广的核心经验,形塑了"创智课堂"变革启动、信念感召、实践推广等区域推进机制。建设了一批有校本特色的"创智课堂",高中学段有同济一附中的"慧学"课堂、上理工附中的"活力课堂"、上财附中的"智慧课堂"和民星中学的"合作课堂"等。研究成果《区域推进"创智课堂"建设的实践研究》入选上海市教育综合改革典型案例,获第二届上海市基础教育教学成果一等奖。

三、优秀的教师队伍

杨浦以机制创新为重点、以制度完善为抓手,聚焦杨浦整体教育综合改革项目的目标与任务,探索了市、区、集团、校"四位一体"的联动联合机制以及区教育学院与高校、市师资培训中心的共建共享机制,形成了一支乐于奉献、敢于担当、勇于创新的教育人才队伍,打造了一批结构合理、问题导向、任务驱动、和谐向上的优秀教师发展团队。

(一) 以"三名工程"建设为引领,实施教育领军人才培养计划

杨浦持续实施"三名工程",成立了 6 个名校长工作室、27 个区名师工作室,形成市特级教师、区学科名教师、区学科带头人、区骨干教师、区骨干后备人选、区教育教学新秀六个人才培养梯次共 1290 名教育高端人才队伍,区域内特级教师等教育领军人才数达到高中教师数总量的 24.3%。实施区"名校长、名教师"工作室、"区中小学(幼儿园)中青年骨干教师团队发展计划"和区"研训一体"网络课程开发等项目建设,搭建一系列骨干教师开展教育教学特色创建、引领学科教学实践改革与理论创新的平台,鼓励骨干教师潜心于教育教学实践探索和理论研究,以骨干教师优秀团队的专业示范和引领,带教一批优秀教师,激发教师实践创新活力。杨浦入选市第四期"双名工程"高峰计划人员 4 名,攻关计划主持人 10 名,攻关计划名校长后备人选 7 名、名师后备人选 111 名。建立教育高端人才的管理、培训、评价、考核与动态调整的联动机制。在绩效工资总量内设立教育改革发展专项资金,为任期内的有关人才发放津贴奖励。

（二）以"创新行动研究"为抓手，促进各级各类教师专业发展

杨浦聚焦教师的育德能力、本体性知识、命题能力、实验（实践）能力、信息技术能力和心理辅导能力的提升，逐步完善多层次、多维度、个性化的教师教育课程，构建分级、分类、分科（专业）的教师培养培训体系。聚焦教师教育的内容、形式、机制、环境等方面，将教学、研究、培训、培养有机融合，形成"教研训培"一体化的新型教师专业发展样态。建设学科教学高地，创新优秀教师发展模式，发挥高校的专业优势和区内特级教师、区学科带头人等骨干教师、一线优秀教师的引领示范作用，形成"四位一体"教师教育培训队伍，提升区域教师队伍整体水平，推动杨浦基础教育可持续发展。

（三）以教育部重点课题研究为平台，推进见习教师规范化培训

推进教育部重点课题"见习教师规范化培训支持体系建构研究"，完善见习教师规范化培训的区域整体培训联动机制，形成"全进入浸润式"见习教师培训长效机制，提升了见习教师的职业道德和职业规范，夯实了见习教师的专业基础与教育教学基本功。项目研究成果获 2017 年上海市基础教育教学成果一等奖。完善"名师领衔、骨干带教、团队合作、同伴互助"带教模式，鼓励、支持见习教师参加规范化培训与教育硕士专业学位相结合培养模式的学习。开展非师范类专业毕业的新教师分层分类培训，遴选优秀见习教师参加职初教师培训班。

四、良好的社会基础

（一）坚持教育优先，强化资源保障体系建设

2016～2020 年教育财政拨款预算收入共计 175.68 亿元，每年均有不同幅度的增长，年均增长率为 7.80%。财政拨款收入中一般公共预算教育支出为 143.24 亿元，年均增长率为 7.85%。2016～2020 年各学段实际生均支出均达到且高于市标准，每年均有不同幅度的增长。2020 年高中实际生均支出为 62 011.61 元，五年年均增长率为 7.73%。"十三五"期间各项法定经费保障指标均已达成。

"十三五"期间，净增校舍建筑面积约 19.27 万平方米，投入资金约 18.81 亿元，建成创新实验室 125 个、图书馆 72 个、安全教育场所 72 个。完成学校"一场一馆一池"工程小剧场项目 60 个、体育馆项目 39 个、游泳池项目 1 个，提前超额完成计划任务。

（二）坚持制度创新，提升现代教育治理水平

近年来，杨浦坚持简政放权，深化管理体制改革。深入推进教育"放管服"改革，以简政放权为重点，进一步转变政府职能，优化教育治理结构。深化政务服务"一网通办"，加强重

点领域事中事后监管,建立完善政府部门重大行政决策、政府法律顾问、规范性文件管理等制度。全面落实法治政府建设各项任务,形成了教育行政管理运行的新样态和多元共治区域教育的新格局。

杨浦以依法办学为核心,形成依法治校和自主发展的治理体系。全区中小学和幼儿园均已完成章程制定,逐步建立权责分明、各司其职、相互制衡的现代学校制度。各校先后成立学校管理委员会、学生自主管理委员会、家委会等议事协调机构,以及教师专业委员会等专业发展机构,进一步优化学校治理结构,提升治理能力。截至 2020 年底,全区有 110 所学校达到"依法治校"标准校标准,65 所学校达到示范校标准,示范校占全区学校数的 37%。

杨浦积极开展多元评价,优化区域教育生态。建立健全政府、学校、家长、社会共同参与的教育评价体系,积极构建教育评价多元共治格局。综合学校师生评价、家长评价、社会评价等多元方式,将学校办学绩效考核与教育规划实施、教育综合改革和基础教育创新试验区建设的各项目标任务高度融合,体现"遵循规律、聚焦重点、注重增值"的评价导向。

(三) 坚持教育内涵优化,完善高中学校组织管理模式

杨浦努力优化课程组织管理。区校联动开展高中"走班制"教学模式探索的课题(市综改重点项目)研究,选课走班实现常态化,形成 23 条区域高中走班制教学管理指导意见。部分高中学校开展学分制管理的探索,相关经验和案例发表在市专著上。

杨浦注重学生发展指导。组建 2 个生涯辅导联盟,举办 2 期共 68 人次参加的生涯辅导教师培训课程,开发学生生涯发展素养测试平台,编撰区域共享的生涯辅导案例集。

杨浦切实推动综合评价改革。出台《杨浦区普通高中学生综合素质评价实施方案》,规范实施学生综合素质评价、研究性学习、志愿者服务和志愿填报等工作。目前高中学校已建设创新实验室共 98 个,覆盖了科学、技术、人文、艺术等多个学习领域,为学生开展课题或项目研究提供了学习空间和资源。

(四) 坚持信息环境优化,完善资源共建共享机制

通过完善基础支撑建设,优化了公共服务渠道,为教育信息化发展提供了保障。城域网实现零故障率,无线网络接入全覆盖,网络信息系统达到安全等级保护三级水平。学校每间教室均配备互动多媒体设备。建成一批具有"智能感知、校园一卡通、电子班牌、特色课程群"等特征的数字化校园。

通过发布区基础教育数据标准白皮书,构建区基础教育数据平台,为教育业务治理和科学决策提供数据支撑,促进"教、学、管、办、评"的体系构建,充分发挥教育信息化在推进教育综合改革、教育治理体制和治理能力现代化进程中的积极作用。教育共享互动的信息化服务平台获评上海市教育信息化应用典型案例。

将信息技术融入课堂,不断完善教育信息化建设,探索学习内容、教学方式、学习空间的

创新集聚了丰富的教学资源，建成了一支拥有强大信息技术应用能力的教师团队，形成了一批典型的信息技术课堂应用的案例。96节课在"新媒体新技术教学应用研讨会暨全国中小学创新课堂教学实践观摩活动"中获奖，"创智云课堂"项目获上海市基础教育教学成果一等奖，获评教育部网络学习空间应用普及活动优秀区域。杨浦区被命名为全国"基于教学改革，融合信息技术的新型教与学模式"实验区和中央电化教育馆"在线教育应用创新"项目区。

第三节　存在的问题

2020年12月，杨浦区面向区内15所普通高中开展了区域新课程新教材实施现状调研。调研综合运用了问卷调查、文本分析、访谈座谈等方式，从课程建设、课堂实践、学业评价、研修机制和学习空间五大方面调查了区域高中新课程新教材实施的认识基础和实践基础，从中分析区域高中"双新"建设工作面临的具体问题。通过调查，我们发现：

一、课程建设

（一）学校课程计划编制与落实

1. 学校课程计划文本未能充分体现"双新"要求

参与调研的高中均有编制学校课程计划。学校课程计划文本的结构比较完整，涵盖了课程的背景分析、课程目标、课程结构、课程实施、课程评价和课程管理等基本要素。但是课程要素的逐项分析结果表明，学校课程计划文本未能充分体现高中新课程新教材的建设要求。问题表现为："背景分析"要素上，学校能结合课程传统、发展愿景来分析当前学校课程建设的背景，但缺乏对高中"双新"相关政策的分析，缺少对学生课程需求的调查与分析；"课程目标"要素上，尽管学校均有课程理念和课程建设目标的表述，但缺少课程设置原则，未明确课程素养的具体指向，未表达具体素养内涵，也容易将办学理念、育人目标、课程设置原则与课程建设目标混为一谈；"课程结构"要素上，学校对课程结构有比较清晰的描述，但缺少"学分管理"或其具体内容描述不明确。

2. 普通学科教师对学校课程计划的参与和理解不足

教师不同程度地参与过学校课程计划编制，参与比例达65.2%。行政职务越高，全程参与或负责编制课程计划的人数在该职务群体中的占比[1]越高，未参与的人数占比越低。在学

---

[1] 交叉分析得到的"占比"是选择某一选项的人数占某一教师群体总人数的比例。如：学校领导层（校长/副校长/书记/副书记等）共有29人，选择"全程参与或负责编制"的人数是24人，得到占比为82.8%。下文中"占比"含义与此相同。

校领导层(校长、副校长、书记、副书记等)中,82.8%都选择了"全程参与或负责编制",普通学科教师仅有 7.2%"全程参与或负责编制"。说明,目前学校课程计划更多由学校领导层负责编制,普通教师的参与度相对不足。

普通教师的低参与一定程度上导致了教师未能充分理解本校课程计划。尽管学校通过教工大会、教研组活动等途径向教师宣传学校课程计划,提高教师对课程计划的知晓度,近95%的教师表示"了解"本校课程计划,但是从访谈可知,很多教师的"了解"程度限于"知道学校有课程计划",不清楚也没有充分理解课程计划的具体内容和具体要求。有校长指出教师对课程计划的参与和理解不足,原因在于教师们兼顾教学与其他工作,难以分配专门时间学习课程计划,学校也难以组织全员参与课程计划编制。

3. 重点领域课程建设面临教师认识不清、实践经验不足的困难

90%以上的教师反映学校"完全"或"大部分"按国家规定开齐课程、开足课时,为落实课程计划提供全面保障。在重点领域课程建设(思政课程、劳动教育、综合实践活动课程)方面,学校已经开展了一定的实践探索。部分学校成立了跨学科教研组并明确了管理制度与工作职责;部分学校结合办学特色建立了某一重点领域课程的框架与体系,如心理健康教育融合的课程体系、"工程素养"培育德育课程体系。相对而言,教师们表示对劳动教育、综合实践活动的基本内容、实施路径以及评价等尚没有清晰的认识,教学实践面临着较大挑战。

(二) 跨学科课程开发与实施

1. 教师整体缺乏跨学科课程开发经验,语数外教师参与不足

教师总体上比较缺乏跨学科课程开发的经验,有"主导开发"经历的教师仅占 4.2%,"从未开发"的高达 55.2%。其中,58.7%的物化生与政史地教师开发过跨学科课程,参与比例高于语数外、技艺体教师(35.5%、37.8%)。分科目比较,通用技术(劳动技术)教师的参与度最高,"从未开发"的人数占比(25%)是所有科目中最低的,外语、数学、体育教师的参与度最低,"从未开发"的人数占比分别高达 72.7%、63.4%、73.8%。

语数外教师参与不足的原因在于学科地位、学科性质限制。无论从教师本身观念、社会认知,还是学校管理举措上,语数外作为传统的重要考试科目,多以"提分"为首要目标。同时作为通识性学科,语数外要求掌握基础知识、基本能力,没有物化生、政史地等学科那么明显强调真实情境下的综合问题解决。

2. 跨学科课程开发的困难在于缺乏专业知识能力、材料资源和时间精力

高中学段的学科壁垒较强,跨学科课程开发对高中教师提出了更大挑战。缺乏材料资源、时间精力有限、缺乏相关的专业知识和能力是跨学科课程开发的主要困难,选择人数位居前三(57.2%、57.2%、54.7%)①。面对困难,教师有提升跨学科课程开发能力的强烈意

---

① 使用"(57.2%、57.2%、54.7%)"的形式,便于呈现选择人数最多的前三个选项的占比情况。

愿,普遍希望在"开发的技术、工具和样例等资源、专业开发团队、专家指导和专题培训"上获得支持(63.5%、56.9%、56.6%),访谈中也强调更需要在专题培训、专业团队中提升课程开发技术,而不仅是提供器材等硬件保障。

不同跨学科课程开发阶段的重要影响因素有所不同,要根据开发阶段给教师提供有侧重点的支持。没有开发经验的教师更希望得到专家指导与专题培训(60.8%>51.5%、50%)[①],组建专业开发团队(60.5%>52.2%、53.7%),这类教师通常是语数外、技艺体教师。有主导开发经验的教师更少认为时间精力有限是主要困难(38.9%<57.4%、58.8%),更多地面临激励机制缺乏的突出困难(59.3%>21.2%、32.4%),更希望学校建立相关绩效管理制度(53.7%>28.8%、32.4%),这类教师通常是物化生、政史地教师。据此可知,时间条件影响教师是否愿意参与,对于未参与的教师,应采取办法保障教师有时间精力参与其中。对于参与初期的教师,着重思考如何借助专家资源、有经验的同行进行入门式引领。激励机制影响着教师能否持续参与,需要建立相应的制度保障教师有持续参与的动力。

二、课堂实践

(一) 教师对课堂教学的关注

"双新"实施背景下,课堂教学提倡素养导向、基于标准、学为中心。虽然95.3%的教师表示了解本学科核心素养,但是在回答课堂转型的聚焦点时,教师认为最重要的前两项是对学科课程标准与教材的研究、单元教学设计(63.7%、53.2%),仅有16.3%、24.5%、17.7%的教师选择了现有学习环境和空间的重构、课堂学习方式变革、信息技术融合的教学。表明教师主要从"教"的视角认识课堂教学,未充分关注以学为中心的改革举措,改革突破点在于学习空间重构和信息技术融合。

交义分析结果显示,不同群体教师有其个性关注。未评级教师将"跨学科教学"作为关注重点(36.7%),高级教师将"教学评一致性的实现"作为关注重点(42.1%),正高级教师较忽视"信息技术融合的教学"(0%)。教师的职称越高,关注"课堂学习方式变革"的比例越高(正高33.3%、未评18.4%)。技艺体教师将"跨学科教学"作为关注重点(37.9%)。物化生、政史地教师更多关注"教学评一致性的实现""契合学科本质的学科实践"(41.7%、35.8%)。

(二) 课堂转型的困难与需求

对于课堂转型,绝大多数教师具有变革动力,仅有7.3%的教师反映同事缺乏动力。

---

① 使用"(60.8%>51.5%、50%)"的形式,便于呈现选择某一选项的教师人数在相应教师群体中的占比情况。如:在"专家指导与专题培训"这一选项上,从未开发过跨学科课程的教师中有60.8%选择了该项,而参与开发的教师中有51.5%选择了该项,主导开发的教师中有50%选择了该项。

教师面临的最大困难在于学生学情差异大、缺乏可供参考的基于课程标准教学的实践样例(55.3%、49.4%)。教师主要面临两方面问题:一方面,如何遵循学生学习规律和个性特征,令学生在自主探索、实践操作中获得体系化知识;另一方面,如何把握知识覆盖面与讲授难度,使学生既能学到新教材知识也能达到考试要求。对此,教师最希望获得的支持是相关实例与实践路径、相应的教学设施设备等资源、专家指导和专题培训(68.8%、58.4%、52.6%),从而保障教师有充足的教辅材料和参考案例,以及标准化的新课程实施路径。

交叉分析结果显示,不同教龄、职称、科目的教师对课堂转型的困难与需求的选择与总体情况基本一致。11—20年教龄的教师更多地认为"缺乏基于标准开展教学与评价的专业知识与能力"是主要困难(37.3%)。技艺体教师更多地认为"学校没有要求必须按照课程标准开展教学"是其面临的主要困难(20.3%)。

(三) 创智课堂的发展需求

对接高中新课程新教材实施工作,创智课堂建设需要更加明晰创智课堂与素养导向下的课堂的关系(63.9%),并结合"双新"要求完善创智课堂的理论框架(49.6%)。同时,需要给教师提供教学指南、样例等实践性工具支持。46.7%的教师希望开发适应"双新"要求的创智课堂新样例,40.8%的教师希望修订创智课堂学科教学指南。

交叉分析结果显示,不同教龄、不同科目、不同职称教师对创智课堂的发展需求都与整体保持一致。技艺体教师更多地希望构建以智慧教师工作坊为抓手的区域推进机制(32.8%),加强信息技术应用(26.6%),其中通用技术(劳动技术)教师的意愿最强烈(50%)。

三、学业评价

(一) 教师对素养导向下学业质量的认识

核心素养导向下,教师对学业质量的理解一方面契合了高中评价改革的趋势,抓住了素养的情境性、综合性特征。根据教师回答,"注重真实情境中的问题解决能力""强调知识的综合应用""关注学生学业成就的综合表现""关注学生完成任务或问题解决时的过程性表现"(76.5%、50%、43.9%、43.4%)是素养导向下学业质量最突出的特征。另一方面这种理解具有片面性,相对忽视了社会情感能力、跨学科知识及学业成就的产品、成果、方案导向(25.4%、13.3%、12.7%)。

交叉分析结果显示,不同教龄、职称、科目、职务的教师对学业质量的理解与总体情况基本一致。教龄越长的教师选择"强调知识的综合应用"的比例越低(0—4年56.4%、31年以上39.7%),选择"学生社会情感能力"的比例越高(0—4年21.1%、31年以上32.4%)。说明,随着教学经验增加,教师对学业质量的理解不只停留在知识层面,更注重学生社会情感能力对素养培育的价值。相比物化生、政史地、技艺体教师,语数外教师较少选择"注重跨学科知识的运用"(9.7%<15.7%、18.6%),与之前语数外教师较少参与跨学科课程开发的实际情况存在一致性。

(二)教师对素养导向下课堂评价的关注

在课堂评价的改进方向上,教师认识到采用过程性评价方式更符合素养培育要求,基本认同教学评一致、评价方式从单一走向综合多维等理念。"关注过程数据,加强过程性评价""明确素养目标,落实教学评一致性""增加实践作业,加强表现性评价"的选择人数位居前三(59.4%、55%、41.4%),"注重评价方式的多样性"也有36.6%的选择人数。但课堂评价行为仍有较大改进空间,相对忽视了信息技术支持下的学习诊断、评价后的反馈、学生的自我评价(6.1%、8.9%、23.1%)。

交叉分析结果显示,除了共同关注外,不同教师群体对课堂评价改进表现出一定倾向。职称越高,选择"减少标准答案,改变评分方式"的比例越低(正高8.3%、未评22.4%)。正高级教师更少认为"注重评价方式的多样性"是课堂评价的重要改进方向(25%)。正高级教师、未评级教师中,选择"信息技术支持下的学习诊断"的人数为0。相比物化生、政史地、技艺体教师,语数外教师更强调学生的自我反思(26.1%)。相比其他职务教师,学校领导层更多选择"信息技术支持下的学习诊断"(20.7%)。

(三)教师对素养导向下作业设计的关注

在作业设计的改进方向上,教师的观念符合作业多样化的改革方向,强调作业的单元整体性、照顾学生个体差异,增加长时性、开放性作业。选择人数最多的两项是"短期作业与长期作业相结合""超越单纯的练习性作业,加强开放性作业"(58.8%、55%),也注重对学生作业的分层、单元的大作业(48.5%、43.9%)。但相对忽视合作型作业和实践型作业(18.1%、26.7%)。

交叉分析结果显示,不同教龄、职称、科目、职务的教师对作业改进的看法与总体情况基本一致。教龄越长的教师越关注"对学生作业的分层"(0—4年44.1%、31年以上58.8%)。职称越高,越关注"对学生作业的分层"(正高66.7%、未评34.7%)。技艺体教师更多地关注"加强开放性作业"(60.5%)。语数外教师更少地关注"强化实践性作业"(22.9%)。

(四)教师对素养导向下测试命题的关注

在"双新"背景下,命题取向从知识立意、能力立意转变为素养立意,应以真实的情境为测试载体、以实际问题为测试任务、以知识为解决问题的工具。对此,教师持认同态度,认为测试命题的突出变化在于"基于学业质量标准,指向素养目标""问题的情境化设置""注重考查知识的综合运用"(67.1%、59.1%、45.1%)。但是,教师都相对忽视开放性试题及评分标准(25.6％、16.4％)。

交叉分析结果显示，除了共同关注外，不同群体教师表现出一定倾向。教师的教龄越长，选择"超越双向细目表，重构测评框架"的比例越低(0—4年42.3％、31年以上33.8％)，选择"增加开放性试题"的比例越高(0—4年22.0％、31年以上34.6％)。正高级教师更多地关注"增加开放性试题"(41.7％)。相比语数外教师，物化生、政史地教师更多地关注"问题的情境化设置"(64.0％＞55.3％)。

有不少教师反思以双向细目表为基础的传统命题。一部分认为双向细目表只能考核学生对学科知识的掌握水平，无法考查学生的学科素养，因此支持"超越双向细目表，重构测评框架"(38.1％)。也有教师提出沿用双向细目表，比如"双向细目表中的每个知识点及其对应的要求是核心素养在化学学科命题上的具体演绎，而核心素养是双向细目表达成的归纳和检验指标"(PJ‐HX3)。

素养立意的命题取向对教师的命题能力提出了更高挑战，要求教师兼具学科专业知识、创新能力、信息筛选能力。有教师指出，从生活中挖掘问题素材，创设真实情境，到编制出落实学科知识且考查核心素养的合适试题，需要经历漫长的磨合、转化过程。这一过程的实现迫切需要教研团队的智力支持与资源支撑。

四、研修机制

(一) 校本研修的发展

由于缺乏可以参照的课程实施标准、考试评价标准，教师在新课程新教材的落实过程中"心里没底"。因此对于"双新"背景下的校本研修，教师希望研修主题聚焦"双新"，加强校本研修的针对性，强化专家引领，选择人数分别占61.2％、58.5％、46.6％，从而辅助课程实施能力与研究能力的共同提升。同时，教师提出改善"任务驱动"的模式，希望能从"要我学"转变为"我要学"。考虑到时间与精力问题、节约培训时的出行成本，教师建议依据校本研修的培训内容，采取合适的研修形式(如线上、线下或混合式)。对于"强化跨学科校本研修、提供校际研修和经验分享机会"，教师的诉求相对较低(26.9％、23.8％)。

交叉分析结果显示，不同教龄、职称、科目、学校类型的教师对校本研修的期望与总体情况高度一致。技艺体教师选择"加强针对性项目研修"的比例更高(66.1％＞56.9％、58.1％)。已经实施新教材的五门科目(语文、政治、历史、数学、英语)的教师，选择"强化校本研修的专家引领"的比例较高(48.0％＞41.5％)。

(二) 区域教研的发展

由于目前"双新"推进过程中，缺乏落实到具体学校的体系化设计与操作性高的实施方案,教师期望通过专家的针对性指导,形成切实可行的课程建设方案,推进学校课程建设与学分制改革。因此对于"双新"背景下区域教研的发展,选择人数最多的三项分别是加强对不同类型高中的针对性指导、开展聚焦"双新"的专项培训、建立区域"双新"教研微信公众号等宣传平台(61.9%、57.9%、44.6%)。

交叉分析结果显示,非实验性示范性高中尤其希望加强对不同类型高中的针对性指导(72.4%>57.3%、65.0%)。教师的职称越高,对专项培训的需求越大(正高83.3%、高级62.9%、中级57.7%、初级51.6%、未评49.0%)。

同时,仅有34.1%的教师建议区域教研培育"双新"建设的先进典型,发挥示范引领作用,仅有36.7%认为要发挥多种类型区域教研组织的协同功能和作用。说明,目前的区域教研有待进一步发挥先进典型的示范引领作用、扩大区域教研组织的影响力。0—4年教龄的教师(47.1%)、未评级和初级教师(40.8%、43.6%)更加希望培育"双新"建设的先进典型。正高级教师选择"发挥多种类型区域教研组织的协同功能和作用"的比例达50%,高于其他职称教师。

五、学习空间

(一) 学校实体学习空间建设

学校的实体学习空间建设已有一定基础。对接高中新课程新教材实施,实体学习空间的改造需求侧重于"建设和开发创新实验室""加强正式学习环境和非正式学习环境的衔接与整合""改造学校原有的教室和图书馆等学习空间""改善学校信息技术环境",选择人数分别占49.4%、46.2%、43.8%、41.8%。

交叉分析结果显示,非实验性示范性高中期望改善硬件环境,教师选择"建设和开发创新实验室"(54.6%>48.8%、48.0%)、"改善学校信息技术环境"(51.3%>39.0%、42.0%)的比例更高。示范性高中更加关注学生参与,选择"鼓励学生自主改造学习空间"的比例更高(27.8%、32.1%>21.7%)。

(二) 学校虚拟学习空间建设

多数教师从"教"的视角认识虚拟学习空间,注重教学服务功能,相对忽视学习服务功能,与"双新"要求下"学"的视角有差距。对接高中新课程新教材实施,分别有71.3%、55.4%、49.2%的教师迫切希望虚拟学习空间具有"丰富的学科课程资源""课堂教学案例""综合(跨学科)课程平台"的功能。分别有61.8%、55%、42.4%的教师建议虚拟学习空间的发展在于"加强学习资源建设和共享""增进沉浸式学习环境的建设""增强虚拟学习空间中的互动性"。相比之下,"学生学习评价""学生个性化学习"的选择人数仅占21.9%、20.7%。

"增强基于大数据的学生学习情况诊断与反馈""提高虚拟学习空间的自适应学习水平""增强虚拟学习空间对学习的及时反馈与激励功能"均在 25% 左右(27.4%、26.6%、22.2%)。

交叉分析结果显示,非实验性示范性高中更期望增加虚拟空间的通用功能,对"学生学习评价"的需求更强烈(30.3%＞21.8%、19.1%)。实验性示范性高中希望结合跨学科课程基础进行虚拟学习空间建设,对"综合(跨学科)课程平台"的需求更强烈(50.1%、51.2%＞39.5%)。

六、总体评价

目前,杨浦区初步形成"双新"实施的基本认识。教师较充分地认识到高中"双新"实施的意义,有较强的参与意愿。学校和教师基本了解并认同区域高中"双新"实施任务与主要路径,初步开展了"双新"实施的实践探索。学校普遍具备课程育人的意识,课程计划结构比较完整;部分学校已经着手研究重点领域课程,初步建构了课程框架与实施路径。教师们表达了对"双新"建设的进一步期待。基本具备"双新"实施的现实条件。我区 75.5% 的高中教师为中级和高级职称,教龄大多处于 11—30 年区间,对课堂学习方式变革、学生社会情感能力培养、作业分层等的认识水平明显高于其他教龄段教师,将成为推进高中"双新"实施的中坚力量。

面向未来,"双新"建设主要存在五方面的突出问题。

第一,学生立场有待凸显。在编制学校课程计划时,学校缺乏对学生学习需求的分析。在课堂教学实践中,教师较多关注学科课程标准与教材,忽视学生学习方式的变革。学业质量评价方面,学生社会情感能力不受关注。虚拟学习空间建设上,教师缺乏对学生的个性化学习、学生学习评价的关注。学生立场不到位在某种程度上影响了高中新课程落实。

第二,顶层设计有待优化。区校两级的"双新"建设方案总体上需再优化。区域层面从局、院、校三级推进"双新",存在简单重复、资源浪费等现象,需要进一步明确分工。子项目[①]之间的内在关联和协同机制需要进一步思考。学校层面上,从课程理念到课程实施,再到课程评价,需要根据"双新"要求再优化设计。校本研修多呈现零散化状态,需要进行系统设计。

第三,重点研究有待加强。对于思政课程、劳动教育、综合实践活动等重点领域课程建设,以及区域高中"双新"示范区建设的三大突破口[②]的研究与实践,有些主题尚处于空白状态,有些主题刚刚起步,面临着如何找准问题关键点、如何科学有效地解决问题、如何将研究

---

① 全文凡提及子项目,均指"指向五育并举的区域课程建设、素养导向的创智课堂实践、基于标准的学业质量评价、提升教师专业胜任力的研训机制研究、体现融合创新的学习空间建设"五大子项目。

② "核心素养导向的'创智课堂'研究、跨学科课程设计与实施研究、技术支持的教与学模式变革"是杨浦区高中"双新"示范区建设的三大突破口。

成果推广转化等困惑,需要开展专项研究和合作攻关,破解重难点问题。

第四,专业指导有待强化。学校主要面临从原有的三类课程转向新三类课程、从课时制变为学分制、选课走班等挑战,亟需专家指导。教师在单元教学设计、跨学科课程开发、基于学业质量标准的测试命题、过程性评价、信息技术与教学的深度融合等方面有具体的方法指导和实践样例需求。不同类型的学校和不同学科、教龄、职称教师的困难与需求存在一定差异,因而专业指导需更具选择性和针对性。

第五,推进机制有待健全。部分校长提出需要进一步建立健全课程需求调研机制,资源共享、成果推介机制。调研显示,激励机制在一定程度上影响教师参与跨学科课程开发和"双新"专项研究的积极性。学校和教师都希望建立相关的绩效管理制度。因此要通过机制建设起到价值引领与行为规范的作用,更好地激励学校和教师参与高中"双新"实施。

第四章 杨浦区高中"双新"国家级示范区建设的基本理念与行动路径

以高中"双新"示范区建设为核心的区域教学变革,需要强有力的行政力量推进、教研专业引领和督导评估保障。在杨浦区高中"双新"国家级示范区的建设中,杨浦区以高中教育系统迭代更新为指向,以为每一个学生的未来奠基为核心,以创生智慧的课堂为重心,通过规划编制和专题研究,建设变革共同体,深入探索"双新"实施的有效经验和变革机制。

第一节 杨浦区高中"双新"示范区建设基本理念

按照教育部对普通高中新课程新教材实施国家级示范区、示范校建设的要求,根据杨浦区高中教育的优势与存在的问题,杨浦区通过文献研究、专家问诊、座谈研讨,明确了杨浦区高中"双新"示范区建设的基本理念。

一、以高中教育系统迭代更新为指向

面对时代发展的转折点及其提出的新要求,高中教育系统不能仅仅通过局部的修修补补来应对,而应借助系统迭代来助推。系统迭代一方面要着眼于在国家整体高中教育改革战略布局中寻找站位和立足点,另一方面则要协同高中教育系统中的所有要素来助力"双新"愿景的实现。在融入国家整体高中教育改革战略方面,应认真学习《关于新时代推进普通高中育人方式改革的指导意见》《关于做好普通高中新课程新教材实施工作的指导意见》《关于普通高中新课程新教材实施国家级示范区示范校推进工作实施方案(讨论稿)》《普通高中新课程新教材实施工作推进方案》及《普通高中新课程新教材实施重难点问题专项研究指南》等文件,并将文件精神创造性转化为示范区、示范校建设规划、实施方案,做到既落实

文件要求，又加以创新发展，最终形成具有示范作用的优质成果。

高中教育系统关键要素的迭代则需要围绕"双新"示范区的愿景，使教育系统中的所有要素都做出相应改变，为愿景的实现服务。在这方面，美国21世纪技能伙伴关系建构的学习框架为我们提供了范例。这个框架中不仅包括了英语、阅读或语言艺术，世界语言，艺术，数学，经济，科学，地理，历史，政府与公民等核心科目，还包括全球意识，金融、经济、商业和创业素养，公民素养，健康素养，环境素养等21世纪主题，以及学习与创新技能，信息、媒体和技术技能，生活与职业技能等21世纪技能，以及涵盖标准与评估，课程和教学，专业发展，学习环境在内的21世纪教育支持系统，[①]体现了变革的整体视野和系统思维。在"双新"示范区建设中也应借鉴类似的思路，既牢牢抓住新课程新教材的核心，又统筹推动教师发展、技术融合、评估考试、领导治理、制度建设、文化培育等各个方面，使其协同增效，成果最大化。

二、以为每一个学生的未来奠基为核心

作为杨浦区高中"双新"示范区建设的核心理念，"为每一个学生的未来奠基"的内涵一方面强调对"未来"的时代性理解，另一方面凸显为了"每一个学生"的公平追求。

教育，包括高中教育从来都意在为每一个学生的未来奠基，但随着时代的发展变化，所要为之奠基的"未来"在不同时期则是各不相同的。今日高中教育应当为学生奠基的"未来"相比以往有着更为深广的意义。2003年《普通高中课程方案（实验）》指出，"普通高中教育是在九年义务教育基础上进一步提高国民素质、面向大众的基础教育。普通高中教育为学生的终身发展奠定基础"。这是教育部文件中首次明确提出普通高中教育"双重任务"之外的任务。如果说以往双重任务中的为升学、就业做准备也是为未来做准备的话，那么"为学生的终身发展奠定基础"涉及的面向显然更为宽广，时间跨度也更为绵长。它涵盖的已不仅仅是学生的学业发展、职业发展，延续的也不仅仅是高中毕业后的一段时间，而是覆盖了人之发展的更多侧面，人的一生的全部时间，是全人教育、终身发展的丰富内涵和"育人为本"基本精神的具体体现。

为了"每一个"学生的发展则要求我们摆脱高中精英教育时期重点选拔、培养少数优秀学生的做法，在制度设计、愿景塑造、课程教学、评价管理等方面更多地面向拥有不同个性、兴趣、需要的学生，使得每一个学生都能在适合自己的轨道上有所发展、有所成就，从而"培养每一个高中生的健全人格、公民素养和社会责任感，为学生的终身学习、终身发展奠定基础；培养每一个高中生在大学作出明智的专业选择和进一步学习的意识和能力；培养每一个高中生的生涯意识、职业意识和参与社会生活的能力"[②]。只有深刻把握对"未来"的时代性

---

① ［美］詹姆斯·贝兰卡，罗恩·勃兰特. 21世纪学习的愿景［M］. 安桂清，主译. 上海：华东师范大学出版社，2020：9—24.
② 张华. 论我国普通高中教育新定位［J］. 基础教育课程，2013（9）：6—11.

理解和为了每一个学生的公平追求,才能使杨浦区高中"双新"示范区建设真正融入我国高质量教育体系建设的整体蓝图并发挥一定的先锋作用。

三、以创生智慧的课堂为重心

新课程新教材的实施,课堂教学是主渠道、主战场。杨浦区自 2009 年成为上海市唯一的"基础教育创新试验区"以来,始终将课堂作为推进变革试验的重心,紧紧抓住学生创新精神、创新能力、创新素养的培养这一时代主线,构筑"创生智慧的课堂",即创智课堂。

创智课堂是一种在正式学习环境、非正式学习环境以及网络所建构的虚拟学习环境中,以学习者的学习创新为核心,以教师的教学创新为依托,突破传统的教学结构及形态,促进师生智慧生成的课堂变革行动。创智课堂将课堂视为学习、创造的场所,着力厘清课堂中环境、学习与教学的关系,确立其环境即资源、学习即创造、教学即研究的核心理念,从环境创新、教学创新、学习创新三个核心要素出发,建构包括"整合多样化的学习环境、提供有效的学习支撑、创建安全的心理环境"等的十大指标维度和 35 个描述性指标,形成"创智课堂"理论框架;并从理论框架出发,研制学科创智课堂实践指南、开发创智课堂表现样例、建设创智课堂资源包,建立实践推广的示范机制,同时积极推动区域内各学校组织合作建立教学联合体,将个人智慧转变为团队智慧,并依托复旦附中等 4 所市实验性示范性学校组建语文、数学、英语、物理、化学和生命科学 6 个学科高地,连线学校,带动创智课堂在整个区域的实践推广。

随着"双新"示范区建设的启动,我们在原有创智课堂研究和探索的基础上,延续创智课堂基本理念和成功经验,结合高中教育改革的时代命题,提出"素养导向的创智课堂"作为创智课堂的迭代升级版,力图通过素养导向的创智课堂理论框架再研究重塑变革愿景,把单元学习设计与实施、信息技术与教学实践深度融合和指向学生创新素养的实验教学研究作为突破口,建立以智慧教师工作坊为内核的区域运行机制,使得"双新"示范区建设获得优化后的创智课堂的有力支撑。

第二节　以规划编制为核心,形塑"双新"变革愿景

教育规划是"为达到某种目标,对规划对象未来发展变化状况的设想、谋划、部署或具体安排"[①],既包括制定、选择、实施和评价等规划行为本身,也包括规划行为的结果形态即规划

---

① 杨伟民.发展规划的理论和实践[M].北京:清华大学出版社,2010:5.

方案。一份优秀的教育规划,应结合办学实践者、行政决策者、教育理论者三方的意见,明确主题、目标、任务和工作程序,体现出规划的规范性、明晰性、适切性,其中,规范的文本内容结构应体现合理性、科学性、逻辑性和可操作性。教育规划编制的过程,是教育主体形塑课程改革的变革愿景的过程。

一、编制规划,明确"双新"目标和任务

在高中"双新"国家级示范区建设的启动阶段,区教育局、区教育学院、学校、项目组以"双新"规划的编制为核心任务,邀请专家把脉问诊,根据区情、校情,设计杨浦区"双新"国家级示范区建设的总体变革愿景,明确分级建设目标,确定重点研究任务,分解建设任务,形成四级"双新"示范区建设指导性文本。

(一)学习文件,形成基本认识

为了编制杨浦区"双新"建设的总规划,杨浦区教育局在卜健局长的带领下,组织相关部门学习了国务院《关于新时代推进普通高中育人方式改革的指导意见》、教育部《关于做好普通高中新课程新教材实施工作的指导意见》(教基〔2018〕15号)和《关于普通高中新课程新教材实施国家级示范区示范校推进工作实施方案(讨论稿)》文件精神,仔细研读了教育部发布的《普通高中新课程新教材实施工作推进方案》和《普通高中新课程新教材实施重难点问题和专项研究指南》,形成了区域对新课程新教材实施的"三点基本认识",统一认识,明确任务,并将这"三点基本认识"写入局规划中的导言部分,从育人目标、核心素养、育人体系三个不同角度解读了当前高中新课程新教材实施的要求,指出当前高中"双新"的主要任务是"培养自觉践行社会主义核心价值观,具有社会责任感、创新精神和实践能力的全面发展的一代新人",落实"核心素养"目标、构建"促进学生全面而有个性的发展"的全面培养体系,并提出了"赋予根本任务新内涵""赋予培养目标新范畴""赋予课程体系新模式"三个"双新"建设核心任务,彰显了规划在理解和把握国家政策和课改理念上的科学性、引领性和创新性,奠定了规划制定建设目标、建设任务的基石。

(二)分析现状,明确区域变革愿景

为了提高规划目标和任务的科学性和引领性,杨浦区教育局邀请市区专家、各部门负责人、学校代表举行多场座谈会,收集杨浦区高中课程教学改革相关的信息,分析杨浦区高中课程教学改革的优势和不足,结合"双新"实施的总体要求,制定杨浦区高中"双新"国家级示范区建设的目标和任务。

通过分析,杨浦区已有的改革经验与成果主要有以下五项:通过三轮创新试验区建设,形成了项目推进的初步机制;通过六年高考综合改革,形成了高中学校组织管理的基本模

式;通过二轮课程领导力项目,形成了课程育人的杨浦共识;通过三轮"创智课堂"的不断探索,形成了课堂教学的基础样本;通过五轮"三名工程",形成了教师成长的多元平台。但同时,也发现了对新课程新教材的理解和认识尚不到位、新课程新教材实施的配套资源和管理制度还不够完善、教学方式不能适应核心素养和创新精神的培育、教师实施新课程新教材的专业能力需要提升、学生综合素质评价和教育教学质量综合评价机制需要改进等问题。

因此,杨浦区提出了"加强统筹推进,坚持一个大方向,构建两个新格局,优化三个新机制,完善四个新平台,推进五个重点项目,形成'五育并举、区校联动、以点带面、以评促建、尊重差异、创智教学、资源共享、依托高校协同育人、分层分类协同发展'的杨浦特色育人机制,整体提升高中教育质量,力争形成代表上海水平、杨浦特点的做法和经验"的"双新"建设目标。

(三)编制规划,明确任务和分工

结合政策要求和现状调研,杨浦区教育局制定了《上海市杨浦区普通高中新课程新教材实施国家级示范区建设工作三年规划(2020—2023年)》。作为杨浦区高中"双新"国家级示范区建设的纲领性文件,它分为建设基础、总体要求、建设任务、重点突破、落实工作要求、工作保障、推进计划七个组成部分。其中,在"建设基础"板块,详细分析了杨浦区已有改革经验与成果,也列举了杨浦区在"双新"示范区建设中面临的主要挑战与困难。在"总体要求"板块,提出了杨浦区"双新"国家级示范区建设的指导思想、建设目标和建设思路。在"建设任务"板块,规划详细介绍了六大建设任务的内容要求,它们分别为"加强顶层设计,建设丰富、有选择性的新课程""强化课程实施,形成有序规范管理课程的新机制""坚持素养本位,构建适合每一个学生的新教学""强化育人导向,探索基于学业质量标准的新评价""创新研训机制,锻造面向未来的新队伍""科学系统推进,全面探索区域新课程新教材实施的新平台"。紧接着,规划列举了杨浦区"双新"建设的三大"重点突破"任务——核心素养导向的"创智课堂"研究、跨学科课程设计与实施研究、技术支持的教与学模式变革,并详细阐述了这三大重点任务的行动路径。接下来,规划从加强组织领导、强化培训研修、重视研究指导、注重示范引领、加强管理评估五个方面细致地介绍了"落实工作要求"的相关内容,从队伍建设、经费投入、条件保障三个方面明确了"工作保障"的相关内容。最后,规划分三年列举了年度"推进计划",分别是第一年(2020.9—2021.8)、第二年(2021.9—2022.8)、第三年(2022.9—2023.8)。

(四)调查研究,制定专业支持方案

杨浦区教育学院在杨浦区"双新"总规划的基础上,立足"专业支持",通过政策学习,设计调研问卷,开展了杨浦区高中课程教学现状调研,通过全样本问卷,了解杨浦区在课程与教学实施中存在的问题,制定了以建构指向五育并举的区域课程体系、推进素养导向的课堂

教学改革、建立基于学业质量标准的考试评价制度、建构提升教师专业胜任力的研训机制、搭建体现融合创新的学习空间五大任务为核心的专业支持方案。在此基础上,杨浦区教育学院成立了五大项目组,他们分别就自身的发展现状和存在的问题,通过走访、调研等方式,明确问题,分别制定了规划目标和任务(图4-1)。

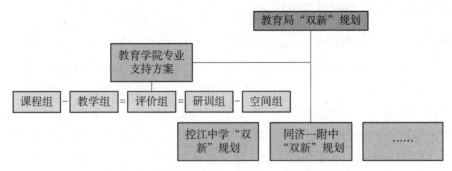

图4-1 杨浦区"双新"建设规划编制层级示意图

在教育学院专业支持方案中,绘制了项目实践模型图(如图4-2所示),其中,学会学习、实践创新、责任担当三大素养的培养是项目实践模型的核心,围绕三大素养目标,构建了课程体系建构、课堂教学改革、评价制度建设三大核心任务,研训体系构建、融合学习空间搭建两大支持性任务,五大子项目互相协作,共同推进区域高中新课程新教材的落实,助力富有创新、智能、贯通特色的高中"双新"示范区建设。

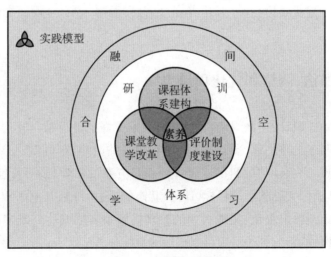

图4-2 项目实践模型

在五大子项目中,五育并举的课程体系建构、素养导向的课堂教学改革、基于学业质量标准的考试评价制度三者互相融合,互相影响,构成了学院高中新课程新教材实施的核心。

有效提升教师专业胜任力的研训机制的建设，承担着为课程、教学、考试改革的深入推进培养最活跃、最积极、最关键的人物——教师。融合创新的学习空间建设，可以通过提升教师信息素养和信息化教学的能力，推进资源建设、平台搭建、大数据分析与应用等，助力课程体系建设、教与学方式的转变、评价方式的转变。

（五）分级规划，生成校本变革愿景

杨浦区 15 所高中根据杨浦区"双新"总规划的布局，在教育学院专业支持方案的引导下，根据学校的发展优势和存在的问题，分别编制了学校"双新"规划，确定了学校"双新"建设的总体目标。例如，同济一附中分析发现自身的优势在于"坚持'全人涵养'，初步构建了'1＋3'育人模式"，"持续提升课程领导力，不断优化学校课程体系"，"深耕教育信息化，自主研发信息化教育与管理平台促进学生个性发展"，"实施高考综合改革，推动了课程组织管理与评价转型"，"探索跨校协同共育机制，开创了同育创新素养联盟创新教育模式"，"承办新疆内地高中班，构建了以融合教育为特色的民族教育体系"，"创新教师教育机制，打造了一支追求卓越的'1＋X'型教师队伍"等，发现学校在以下方面存在不足，如课程体系有待优化、教学方式有待进一步转变、教育评价研究有待加强、学生发展指导有待完善、师资队伍整体素质有待提高、教育信息化保障能力有待加强等。所以学校在"双新"国家级示范校建设中，提出了"进一步转变教师教育理念，提高教师专业素养，构建智慧学习环境，优化核心素养导向的课程体系、组织管理体系、教学体系、评价体系、教研体系和保障体系，转变育人方式，形成信息技术与教学深度融合的有效做法和经验，明晰'国标导航、上海领先、全国示范'的新课程新教材实施路径，创建优质特色高中，培养国家需要、面向未来、全面而个性发展的学生"的总目标。

二、规范项目评估，调整和优化项目方案

项目评估是指在项目的生命周期全过程中，为了更好地进行项目管理和决策，采用合适的评估尺度，应用科学的评估理论和方法，所进行的评估活动，它可以分为立项评估、中期评估、结项评估。其中，立项评估的目的在于评价项目方案的科学性、可行性。中期评估的目的在于检测项目实施的实际状态与目标（计划）状态的偏差，分析其原因和可能的影响因素，并及时反馈信息，以便作出决策，采取必要的管理措施来实现或达到既定目标（计划），改进项目管理。结项评估的目的在于对项目完成后的验收和考核。

杨浦区在项目评估中，坚持"共同建构"的评估思想，把评估看作是评估者与评估对象双方交互作用、共同建构统一观点的过程。同时，在项目评估中注重形成"全面参与"的意识与气氛，努力让参与评估的所有项目组全程参与评估指标的制定、评估工具的设计，并在评估过程中都有机会表达自己。项目组在评估的过程中，承认"价值差异"的观点，根据学校自身

的文化特点、校情，展开个性化、多元化的评价。

（一）立项评估

根据立项评估的要求，杨浦区教育学院以专家论证会的方式，举行了子项目组立项评估会，邀请上海市教委教研室原主任徐淀芳、浦东教发院原院长顾志跃、华东师范大学课程所书记安桂清教授、原杨浦区人民政府督导室主任张根洪，作为立项评估专家，参与项目评估。

课程项目组汇报了前期对四所试点高中课程计划的调研分析情况，交流了2021年度基于单元教学的学科指南编制规划，并对具体工作做了时间节点的安排。课堂项目组交流了以五门学科带领十所高中基地学校的创智课堂实践规划，提出了在统编三科开展课堂视频分析的前提下，研究单元学习，分析线上师生、生生互动的难点和突破点，组建智慧教师工作坊来推进课堂教学变革。评价组汇报了高中九门学科的调研工作，解读了围绕学科必备品格和关键能力，细化学科核心素养在具体年段、具体学科中的体现，明确学生应达到的学业标准，制定区域高中学业质量测试框架的方案。研训组介绍了开展"双新"课程建设机制、教师胜任力机制的研究，加强高中学科教研机制建设和校本教研建设，加强学习资源、教学资源的建设的方案。空间组介绍了完善综合课程平台、个性化学习平台、"双新"课程展示平台和学生综合素质评价平台的构建，完善网上学习空间的建设，开展信息技术深度融合的教学实践和创新研究，推进混合式学习、人工智能技术在教育中的应用，提升师生的信息化素养，促进教与学方式的变革的推进方案。

专家在点评中指出，五个子项目代表的五个领域专业性很强，同时专家也希望项目方案在以下方面继续完善：课程计划要形成编制、修改、实践、再编制、再修改的不断完善的路径；课堂教学要体现从教到学的变化；学科标准评价要形成框架，并进行分析，从而推进教与学的改进与指导；研训机制的研究要体现全员和分类特点，要突出示范辐射、体现课题引领、提升学校自培、完善资源建设；学习空间的建设要做成平台＋，体现技术赋能，体现技术支撑。

（二）中期评估

高中新课程新教材实施是一项系统工程，不仅需要深入开展课程建设、创智课堂、学习空间等重点项目的研究，也需要阶段性检验成效、反思总结，优化调整行动方案。为了帮助项目组和学校自我诊断课程实施的质量，学院在市教研室的指导下开展高中课程实施质量监测研究，设计质量监测指标和工具，收集"双新"建设的过程性资料、项目组（学校）自我小结，依据项目现实发生的真实数据，评估项目实施的进度和成效，分析项目推进的现状。发现问题并探索解决方案，为项目下一步的推进和管理提供决策依据和指明努力方向。由于中期评估在项目中期进行，需要注意适度性，不应耗费太多的时间和人力，以免影响项目的正常进行，所以课程实施质量监测采用线上提交材料的形式进行。

项目组根据文献和专家意见，以课程设置、教学实施、课程评价、研修支持、环境支持、学校管理为一级指标,确定了单元教学设计、综合实践活动等 25 项二级指标,形成了"双新"实施的杨浦标准。在以评价促进学校、教师发展的目标指引下,项目组从数据收集、分析、汇总、呈现的科学性、有效性出发,采用学生视角,选择表单、问卷、测试、量表等不同的形式,整合基础性指标与发展性指标,开发服务于学校自我诊断、自我完善、自我发展的课程实施质量监测系列工具。

(三) 结项评估

为了客观评价高中"双新"实施的成效,项目组拟在三年"双新"示范区建设完成后,通过同行评议和工具评议的方式进行项目结项评估。同行评议主要是用学术界通行的、同行学者认同的学术质量标准来评议项目研究的成果,工具评议主要是借助课程实施质量监测工具,检测"双新"国家级示范区项目立项之初确立的目标和承诺是否符合项目协议所规定的要求,如劳动教育课时、跨学科课程课时和课程、高考成绩等。

第三节 以项目研究为载体,探索"双新"变革经验

项目是人们通过努力,运用各种方法,将人力、材料和财务等资源组织起来,进行一项独立一次性或长期的工作任务,以期达到由数量和质量指标所限定的目标,常见的项目参数包括项目范围、质量、成本、时间、资源。项目研究是当前国家和地方政府探索改革路径、解决关键问题、破解改革难题的主要方式。在杨浦区"双新"国家级示范区建设的过程中,杨浦区紧紧围绕示范区建设需要解决的关键问题,规划了相应的教育综改项目,通过项目研究,探索"双新"变革经验。

一、杨浦区"双新"国家级示范区建设亟待解决的关键问题

(一) 构建素养导向的学习与评价

基于核心素养的基础教育课程改革是新时期素质教育的深化和发展,是对基础教育改革成果和经验的继承与创新。它的提出,回应了习近平总书记对教育的"首要问题"和我国教育的"根本任务"的要求,也体现了我国教育适应世界教育改革发展趋势、努力提升国际竞争力的主动作为。

但是,与知识和技能相比,素养具有内在性、综合性、相对性的特点,这就出现了很多教师即使能说清楚学科核心素养的内涵,但还是说不清落实核心素养的方法、策略,教师不知

道如何激发学生学习的主动性,不理解为什么必须要组织合作学习、研究性学习,也不舍得花费时间组织实验教学和实践活动,导致大部分学生依然处在被动学习、机械学习的状态,学科素养、发展素养的提升受限。同样地,教师习惯于知识、能力维度的学习评价,对素养导向下的学习评价还有很多疑问和不理解的地方,如为什么要强调试题的情境性,为什么要强调过程性评价和综合评价,以及如何测评学生的素养、如何用评价激励学生的学习。因此,推进"双新"实施,必须积极探索多样化的教研路径,指导教师深刻理解和把握素养导向下学习与评价的内涵、方法和策略,实现学习方式与评价方式的变革。

(二) 建设全面育人的课程与课堂

本轮课程与教学改革肩负着落实立德树人根本任务、培养社会主义建设者和接班人,培养一代又一代拥护中国共产党领导和我国社会主义制度、立志为中国特色社会主义奋斗的有用人才的艰巨使命。它需要我们将立德树人融入思想道德教育、文化知识教育、社会实践教育各环节,注重培养学生适应终身发展和社会发展需要的正确价值观念、必备品格和关键能力。

当前,整个社会对教育依然存在急躁和焦虑的情绪,大部分学校依然将主要精力放在"育分"上,考试学科的教学依然存在"满堂灌"的现象,教师依然用传统的课时主义和以知识点为中心的教学方式上新教材,德育活动、体育、艺术、劳动、实验依然得不到足够的重视。在课堂教学中,基于情境、问题导向的互动式、启发式、探究式、体验式教学依然没有成为主流,课题研究、项目设计、研究性学习等跨学科综合性教学没有得到应有的重视,验证性实验和探究性实验教学还是流于形式。因此,推进"双新"实施,必须积极探索如何引导学校从"育分"走向"育人",全面落实国家课程标准,让"学为中心"落到实处,形成"全面育人"的课程体系和课堂新样态。

(三) 提供泛在互联的教研与培训

新课程新教材的实施对普通高中教师专业能力提出了新的挑战。教师既需要在准确把握核心素养内涵的基础上增强课程开发与整合能力,提升育德能力和教学实施能力,提高利用信息化技术进行差异化和个别化指导的能力,又需要提升指导学生进行研究性学习、为学生提供学业规划的能力等。区域与学校亟需丰富教研路径、优化教研方式,为教师提供充分、随时、有效的教研和培训,全面提升教师专业胜任力,为新课程新教材实施提供支撑。

随着信息技术的飞速发展,知识获取方式和传授方式、教和学的关系正在发生深刻变革,每时每刻、无处不在的泛在学习正在成为一种可能。尤其是疫情期间的在线教学让教师学生体验了泛在学习的魅力,重构了教研方式、培训场景,这为研训人员提供了一种全新的教研培思路,为在"互联网+"条件下开展混合学习、混合研训创造了条件。因此,搭建一个教师可以充分、随时、有效开展教研和培训的学习空间,建立成熟的教师学习资源库,组织研训人员通过学习平台为教师提供资源更丰富、互动更深入、指导更精准的教研和培训活动,满足不同层次教师发展的多样化追求,成为提高"双新"实施成效的重要手段。

二、杨浦区"双新"国家级示范区建设重点研究项目

基于以上对"双新"实施关键问题的思考,在杨浦区"双新"示范区建设中,杨浦区利用项目研究作为工作推进的主要方式,针对高中新课程新教材实施的重难点问题,统筹局、院、学校、教研组资源,组建不同类型的项目研究团队,探索"双新"变革经验。

(一) 素养导向的创智课堂建设项目

创智课堂作为杨浦课堂教学的名片,经过前三轮的实践探索,目前已经形成了课堂教学的基础样本,拥有较为坚实的项目研究基础。在新课程新教材实施的过程中,创智课堂根据"立德树人"根本任务的要求,围绕"学为中心"课堂的建设,致力推进教学方式的变革。首先,创智课堂将"学为中心"的理念纳入理论框架,迭代更新了创智课堂的教学评价标准。其次,创智课堂以单元学习设计与实施为抓手,指导教师将传统的课时设计转化为主题、任务式单元设计,将传统的教师为主体的教学设计转换为学生为主体的单元学习方案设计,切实推进深度学习的研究与实践,并对学习方案提出了教学评一致性设计的要求。

在创智课堂建设的过程中,各学科以智慧教师工作坊为支撑,骨干团队在高校研究人员的专业引领下,形成单元学习设计方案,重点关注单元学习目标与学科核心素养的对接、单元学习任务与学科/跨学科知识和概念间的转化与嵌套、单元学习任务的进阶性逻辑、教学评的一致性设计、素养表现性评价的量规设计等,进而开发包含学习目标、学习情境、学习任务、学习过程、学习成果、学习评价六个维度的单元学习设计基本规格,形成普通高中指向学科核心素养培育的单元学习设计与实施的实践指南与支持工具,为创设以学为中心的创智课堂提供变革支架与专业引领。

(二) 五育并举的课程体系建设项目

课程规划是学校教学工作的基础,是有效落实教学计划,提高教学水平和人才培养质量的重要保证。指导学校编制符合"双新"实施要求的课程规划,顺利实现三类课程的转化,统筹安排思政、劳动、体育、艺术、综合实践活动等课程的课时和内容,规范选课走班、选课指导、学分认定等工作,是有序推进新课程新教材实施,实现全面育人的重点工作。

为了保证学校编制的课程规划能有序实施,学院加强了思政、劳动、跨学科、综合实践活动、生涯教育等重点领域课程的研究,帮助学校将制定的课程规划切实落地。如通过"大中小学一体化中国特色社会主义思想'三进'实践"研究推进思政课程建设;通过"指向学生德智体美劳全面发展的区域课程体系建设研究与实践"项目研究,加强学科融合,为学生的全面发展搭建阶梯;通过"基于工程素养培育的高中劳动课程实施研究",整体构建校本化劳动

课程体系,打通校内外联系,建立相配套的劳动实践基地,落实"以劳树德,以劳增智,以劳强体,以劳育美,以劳创新";加强"基于工程素养培育的跨学科课程实践研究",研制跨学科研究性课程整体设计框架,提炼跨学科课程的实施路径,指导学校跨学科课程设计与实施。

(三) 融合创新的学习空间建设项目

为了最大化发挥教研培对"双新"实施的作用,营造"以人为中心,以学习任务本身为焦点"的泛在学习氛围,学院组织专业力量搭建区域高中新课程新教材实施"同创空间"网上学习平台,让教师可以在任何地方,任何时间,自主接收他们所需要的文档、数据和视频等各种学习信息,可以方便地与教研员、专家进行深入的研讨,帮助教师积极自主地开展学习,提高教师实施新课程的专业能力。

"同创空间"网上学习平台主要包含教育研修系统、教师培训系统、名师工坊系统等,可以针对"双新"进行在线课程化研修和单次研修,创设多元互动研讨空间,完善线上线下培训的混合学习、学习管理和培训学分管理。平台也可以聘请名师和专家进行在线直播、课堂录播、微课分享、优质资源分享,随时跟踪记录教师专业发展情况,实现线上线下研修的协同推进,促进教师的专业发展。平台还通过搭建在线选课系统、在线学习系统、项目化学习系统,实现区域优质选修课程、名校网络课程、高校先修课程的自主选课,优秀学习资源的自主学习,项目化学习的过程文件、学习成果、评价量表的积累与分享,促进学生学习成长。

(四) 素养导向的学业质量评价项目

为了提高教师对素养导向的学习、评价的认识水平,引导教学评一致性研究,学院以高中教研员为核心,组建素养导向的学业质量评价研究项目,开展区域高中学业质量标准测试框架研究。通过深入研读高中学科新课程标准,围绕学科必备品格和关键能力,细化学科核心素养在具体年段、具体学科中的体现,明确学生应达到的学业标准,制定区域高中学业质量测试框架。

同时,在教研员的指导下,组建核心团队,开展基于学科质量标准的命题研究。根据学业质量标准和学科测试框架,开展基于情境的、体现学科核心素养、对应学业质量标准的命题研究,形成试题样例,开展命题研修课程。进一步完善基于标准的评价制度,规范测试的流程、技术,开发"双新"背景下指向核心素养培育的一系列学业质量评价样例。

(五) 提升教师专业胜任力的研训课程体系建设项目

"双新"需要教师更新教学观念、补充本体性知识,提高信息化教学能力,这些都需要一系列研训课程支撑。因此,师训部组织专业力量,围绕普通高中新课程新教材实施方案,建构点面结合的教师研修框架,对全体教师开展新课程新教材理念、教育教学原理、有关本体性知识、育德意识与能力、学习科学理论、跨学科知识视野、学习环境创新等专题培训。针对落实新教材过程中遇到的问题,采用"智慧教师工作坊"的模式,由教研员带领教师团队,围绕新教材实施的关键问题开展学习研究。

同时,针对教学中的关键问题,加强对素养导向下的新课程新教材的研究,探索"目标导向式"与"问题导向式"相结合、证据与经验相结合、研究与培训相结合,参与式、项目化、模块化的研修一体化课程。同时,立足学校实际,以实施新课程新教材、探索新方法新技术为重心,围绕区校贯通的主题与任务,指导教研组、备课组、年级组开展专题化、主题化的校本研修活动,不断提高学校新课程新教材的实施水平。

(六) 项目推进与经验推广项目组

该项目组作为教育学院总项目组,承担着项目推进与经验推广的任务,主要通过开展高中"双新"基础研究、中期评估、展示交流,形成项目管理机制、评估机制、交流展示机制,举办全国、市、区各级展示活动,充分发挥项目的辐射引领作用;完成项目中期评估,推进"双新"实施相关支持性工具、评估工具的研发,举办"双新"专题研修,宣传推广杨浦经验,推进区域高中课程教学改革,推动我区高中新课程新教材国家级示范区建设。

三、项目研究的基本策略

在杨浦区"双新"项目研究的过程中,主要采取先试先行、样例示范、研修跟进三大策略。

(一) 先试先行策略

为了提高学校和教师在具体实践中对变革愿景的把握水平,每个项目组分别选择了3—4所试点校,先试先行,榜样示范。如课程组在课程规划编制的过程中,选择了同济一附中、上理工附中、同济中学、市东实验四所"领头羊"学校,按照"编制依据——课程计划说明——实施保障"的思路先完成了课程规划的编制,项目组收集整理这四所学校编制课程规划中遇到的问题和困难,为其他学校提供了经验借鉴,大大提高了区域整体课程计划的编制质量。

(二) 样例示范策略

为了更加有效地从实践研究中提炼规格,推广辐射,提高新课程新教材实施的成效,项目组采用试点校、试点学科参考新课标要求,结合实践案例,开发课程、教学、评价表现样例,积累一定数量的表现样例后,项目组在专家的指导下提炼规格,形成实践指南,为一线教师的课堂教学实践提供更具操作性的实施指引。

(三) 研修跟进策略

为提升杨浦区"双新"示范区建设的成效,实现全过程、全覆盖的推进目标,杨浦区教育学院联合教育部、市教研室、大学、研究机构的力量，开发建设课程、教学、评价研修课程，通过全员培训、专题培训、深度研修等活动，全方位提高教师的专业胜任力。

第四节　以变革共同体建设为基础，激发"双新"变革活力

变革共同体是指建立在课程改革的浪潮中，基于解决教育问题而形成的正式或非正式教学研究系统，是以共同体为载体，以共同愿景为导向，以协商文化为机制，最终实现教师认知成长和身份认同的社会学习系统。确立以变革共同体建设为核心的改革推进机制，有助于建立良性发展的教师专业成长机制，这种良性机制对区域的教学变革将会产生深远的影响。

一、变革共同体的类型

根据参与成员不同，杨浦区"双新"国家级示范区建设项目组建的变革共同体可以分为以下三类。

（一）市区协作共同体

市区协作共同体指为了达成"双新"建设目标，由高校、教委专业指导团队直接指导项目研究，破解难题。杨浦区充分发挥区内高校资源雄厚的优势，先后与多所高校等科研院所签订合作框架协议，建立健全基础教育与高等教育间的协同联动。教育局、教育学院各项目组都是采取专家引领型学习共同体的形式，在华师大、市教研室等高校和专业研究机构的指导下，通过方案的制定、实施、总结、评估等方式，全面引领我区"双新"国家级示范区建设。

（二）区内协作共同体

合作研究型共同体指为了破解"双新"建设中的重点问题，在教研员、学科名师等专家的组织下，有共同研究目标的教师汇聚在一起组成研究共同体，针对"双新"实施的关键环节，同商共研，合作完成研究任务，破解课改难题。在杨教院子项目组中，课堂组和评价组通过组建智慧工作坊、学科高地，联合项目校，开展课堂转型研究，破解课改难题。学校之间，通过集团校、研究基地、教研共同体等形式，组团开展教学研究，合作破解关键问题。

（三）校本教研共同体

学校教研组织是一种特殊的研究共同体，作为制度规范下的一个专业联合体，它侧重的

主要是在教研员、教研组长的指导下，着眼于课堂教学实践研究，意在细化落实课程标准，提高教学实效。杨浦区在"双新"国家级示范区建设中，不仅规范了校本教研活动的组织，对提高教研活动的品质，丰富教研路径提出了新的要求，还在强化区、校两级教研组织联动上加大了管理力度。发挥教育学院牵头成立的"教研联盟""教研联合体""校际分层教研"等区域教研联合组织的作用，以"联建共享"为抓手，打造跨校教研平台，使一线教师和教研员就课改实践中遇到的具体问题展开思考，实现智慧火花的碰撞与课堂教学行为的不断改善。学校则多数采用课题组的形式，组织骨干教师带领研究团队，开展"双新"课题研究，破解课改难题。

二、变革共同体的实践策略

三类共同体的建设为杨浦区"双新"建设提供了大量的实践经验和成功案例，共同体之间展开展示、交流等活动，互相学习、取长补短，以形成共识和增强对变革的认同感，使得"双新"变革的目标更容易内化为教师的教学行为，使得"双新"更富有生机。杨浦区变革共同体的建设主要采取了以下策略：

(一) 资源共享机制

杨浦区广泛开发利用区域内包括院士馆、科研院所、少年宫、少科站等在内的多种社会教育资源和区域内各基层学校的优质家长资源，创立课程与教学资源的区域共建共享机制；结合不同学段的纵向教育链与多种形态的横向教育联盟的合作机制，形成校际课程与教学资源联盟，实现区内学校由松散型联盟走向紧密型共享。

(二) 提供工具支持

杨浦区通过提供教师在教学变革中所需要的各类资源、工具和支架，为教师参与"双新"变革，帮助教师学习并掌握处于变革中心的理念和技术提供技术支持。另一方面通过研制监测工具、评价工具，为学校提供精准课程实施质量监测服务，引导学校规范、优质完成"双新"变革任务。

(三) 以案例为载体

杨浦区在"双新"课题、项目研究中，强调以案例研究为载体，通过案例的收集、整理，与教师展开深入的对话，利用案例汇聚一线教师的智慧，组织项目组专家对收集的案例进行经验、规格的提炼，形成学科、课程表现样例，用以指导全区其他学校教师的课程实施，提高课程实施的成效，并向兄弟区县乃至全国辐射推广。

第五章

杨浦区普通高中新课程新教材实施国家级示范区建设工作三年规划（2020—2023 年）

作为国家级示范区，我们对新课程新教材实施有以下三点基本认识：**一是赋予根本任务新内涵。**明确新时代"培养自觉践行社会主义核心价值观，具有社会责任感、创新精神和实践能力的全面发展的一代新人"的大方向，成为推进教育综合改革的行动指南。**二是赋予培养目标新范畴。**新课程新教材提出"核心素养"概念，旨在培养学生综合运用所学知识解决实际问题的关键能力、必备品格与价值观念，成为深化课堂教学改革的关键环节。**三是赋予课程体系新模式。**实施"必修""选择性必修"和"选修"新三类课程，强调构建五育并举的全面培养体系，促进学生全面而有个性的发展，成为深入推进课程改革的重点领域。

基于以上认识，我们要对标教育部要求，全面贯彻党的教育方针，落实立德树人根本任务，发挥杨浦独特的资源优势，举全区之力做好示范区建设工作，在课程建设、教学组织管理、教学方式、评价改革、学生发展指导、综合素质培养和协同育人等方面积极探索，改革创新，力争取得一批突破性研究成果，整体提升教育质量，办好人民满意的普通高中，为国家教育贡献杨浦智慧和力量。

第一节　总体要求

一、指导思想

依据国务院办公厅《关于新时代推进普通高中育人方式改革的指导意见》（国发办〔2019〕29 号）、《关于深化新时代学校思想政治理论课改革创新的若干意见》《中共中央国务院关于全面加强新时代大中小学劳动教育的意见》、教育部《关于做好普通高中新课程新教材实施工作的指导意见》（教基〔2018〕15 号）、《普通高中课程方案》（2017 年版 2020 年修订）

等文件,深入贯彻党的十九大精神,全面贯彻党的教育方针,落实立德树人根本任务,推动高中育人方式改革,提高育人水平,为学生适应社会生活、接受高等教育和未来职业发展打好基础,培养具有国家意识、国际视野、未来观念、公民素养的社会主义建设者和接班人。

二、工作目标

(一) 总目标

对照新课程新教材实施的精神和要求,发现区域存在的主要问题,如促进育人方式转变机制尚不够健全,具体表现在对新课程新教材的理解和认识尚不到位,新课程新教材实施的配套资源和管理制度还不够完善,教学方式不能适应核心素养和创新精神的培育,教师实施新课程新教材的专业能力需要提升,学生综合素质评价和教育教学质量综合评价机制需要改进等。为此,在区域层面,必须要加强统筹推进,坚持一个大方向,构建两个新格局,优化三个新机制,完善四个新平台,推进五个重点项目,形成"五育并举、区校联动、以点带面、以评促建、尊重差异、创智教学、资源共享、依托高校协同育人、分层分类协同发展"的杨浦特色育人机制,整体提升高中教育质量,力争形成代表上海水平、杨浦特点的做法和经验。

(二) 具体目标

1. 坚持一个大方向。立足新课程新教材理念下高中育人体系建设,融合五育并举、德育为先、育人为本教育理念,关注高品质教育全过程,推进德智体美劳全面协调发展育人目标的实现。

2. 构建两个新格局。一是构建面对"双新"实施要求的区域教育创新格局;二是构建高中优特发展目标下分层与分类协同发展的多元办学格局。

3. 优化三个新机制。一是优化对学校课程领导力项目的督导评价机制;二是优化对高中学校可持续发展规划方案编订的专业指导机制;三是优化对"双新"实施所需各类资源的区域供给保障机制。

4. 完善四个新平台。包括:与"双新"实施相呼应的跨学科、项目化学习等优质课程共享平台;线上线下相协同的教师混合研修平台;与五育并举相一致的学生综合素质评价平台;与高中多元发展相配套的办学特色展示平台。努力在原有基础上针对新要求有数量与质量上的提升,使这些平台得到进一步完善。

5. 推进五个重点项目。针对普通高中新课程新教材新高考实施所面临的重难点问题,确立五个重点项目予以推进:其一,提升学校课程领导力,引领学校课程创新发展;其二,推进导向核心素养培育的"创智课堂"教学再研究项目;其三,推进"促进信息技术与教育深度融合"项目;其四,传承吕型伟、于漪教育思想,促进教师队伍内涵发展;其五,贯通中高等教育,共育学生创新素养。

6. 发挥六个方面的示范引领作用。一是不同基础和层次的高中学校新课程新教材实施的顶层设计、推进举措和经验总结。二是区域课程建设、教学设计、选课走班管理指南,区域信息化课程管理平台、优质课程共享平台及选修课程资源库建设。三是核心素养导向的"创智课堂"研究与实践成果。四是建设服务全市乃至全国的"吕型伟、于漪教育思想研究中心"(教师培养高地),研训一体、分层指导、跨校合作的特色教研机制。五是依托高校的贯通培养机制探索学生生涯规划指导研究。六是高中学生综合素质评价和高中学校教育教学综合评价体系的构建。

三、建设思路

以习近平新时代中国特色社会主义思想为指导,全面贯彻落实全国教育大会精神,落实立德树人根本任务,紧紧围绕普通高中新课程新教材国家级示范区建设五大任务,在杨浦区已有教育成果基础上,坚持育人为本,统筹协调,创新实践,技术赋能,以评促建,通过加强区域课程规划、强化课程组织管理、统筹区域教学改革、深化考试评价研究、创新研训机制,全面探索区域新课程新教材实施的新机制,总结和提炼可复制、可推广的典型经验和优秀成果,进一步打造杨浦教育品牌,在上海市乃至全国发挥示范、引领和辐射作用。

(一) 顶层设计,系统推进

研究制定示范区工作方案,统筹市、区、局、院、校力量,整体推进方案的实施。市、区给予政策扶持,区教育局发挥领导和保障作用,区教育学院发挥专业指导支撑作用,学校发挥实施主体作用,承担方案试点任务。健全新课程新教材实施和课程开发与课程资源保障机制,组织开展新课程新教材重点难点问题研究,指导监督学校严格执行国家课程方案,探索建立新课程新教材实施监测机制,开展教学评一致性研究,完善普通高中办学质量评价。

(二) 以点带面,示范引领

发挥区内一所国家级、四所市级新课程新教材实施示范校引领作用。按照建设任务设立重点项目和重点学科,系统探索在区校两级层面实施新课程新教材的策略。帮扶云南和贵州的对口地区,搭建定期交流平台,组织调研指导和交流互动,主动为对口地区提供优秀课例等课程教学改革成果,接收对口地区骨干教师跟岗培训。

(三) 尊重差异,鼓励首创

鼓励区内各普通高中依据高中学校多层次、多样化的特点,形成多层次、多元化的新课程新教材实施方案和经验、成果,为不同类型、不同基础、不同发展层次的学校提供借鉴。

(四) 协同推进,合力育人

深化与高校的合作,依托高校资源加强全区高中师资培训、课程开发、课题研究和学生实践等。注重利用区域优势资源,构建学校、家庭、社会协同指导机制。

第二节 建设任务

贯彻国务院办公厅《关于新时代推进普通高中育人方式改革的指导意见》等系列文件精神,"坚持一个大方向"——立德树人、五育并举,将"新课程新教材理念下高中育人体系区域建设"作为杨浦这三年的实验项目,加强新课程新教材实施的过程管理,发挥规划的引领和激励作用。梳理并提炼以吕型伟、于漪教育思想为代表的区域教育优势资源,在区、校分层,德智体美劳分领域等视角下,确立系列分项目开展深度实验探索,最终形成区域层面的"指导意见"或"实施建议"。

一、加强顶层设计,建设丰富、有选择性的新课程

(一) 工作目标

落实教育部《普通高中课程方案(2017 年版 2020 年修订)》,围绕立德树人、五育并举、全面发展的要求,在强化国家课程框架的基础上,结合原有课程特点和优势,不断优化课程结构,完善课程体系。开齐开足开好国家各类课程,特别是劳动、技术、艺术(含音乐和美术)、体育与健康等课程。开展指向五育并举的区域课程体系建设与实践研究,推进思政课程和劳动教育、生涯辅导和综合实践活动课程等重点领域的实践探索。融合学校原有课程优势和特色,拓展课程资源空间,实现从原有的三类课程(基础型课程、拓展型课程和研究型课程)向新的三类课程(必修课程、选择性必修课程与选修课程)的有机链接与转化,进一步推进高中多样化、特色化发展,满足学生全面而有个性的发展需求。

(二) 工作举措

1. 构建五育并举课程体系

在国家新课程框架下,各校按照课程标准,融合五育并举、立德树人的教育理念,确保开齐国家规定的各类课程,特别是综合实践活动、技术(含信息技术和通用技术)、艺术(含音乐、美术)、体育与健康等课程,并按规定开足课时。充分挖掘课程资源,开发、开设丰富多彩

的选修课程,在重构课程体系中推进学校课程多样特色发展,满足学生个性发展需求,加强新课程新教材在高中育人方式转变中的引领作用。三类课程需体现德育的统领性,德育在各类课程、各门学科融合渗透,智体美劳"四育"要均衡落实。

2. 指导组织学校编制新课程计划

精准把握新课程的核心理念,厘清新课程结构,提升校长课程领导力,落实"五育并举、立德树人"课程融合的教育理念,结合学年实情编制课程计划,从顶层设计层面,将国家课程校本化和校本课程特色化优势组合,有序推进课程实施。

3. 学校建立课程审议委员会

学校建立选修课程的审议制度,成立学校课程审议委员会,坚持将国家课程作为课程改革的重心,根据学校基础和条件,突出学生发展需求,为学校构建具有校本特色的国家课程提供建议与指导。

4. 鼓励跨学科课程的开发

发挥区域优势,加强校内外资源的整合,推动高校与高中课程共建,推进跨学科课程的开发与设计研究,为学生提供丰富和可供选择的高质量课程,努力满足学生个性化发展需求。

5. 布局思政课程和劳动教育课程基地校

根据《关于深化新时代学校思想政治理论课改革创新的若干意见》《中共中央国务院关于全面加强新时代大中小学劳动教育的意见》等相关文件精神,试点布局思政和劳动教育课程基地校。依托复旦大学建立杨浦区大中小学一体化的习近平新时代中国特色社会主义思想教师研修基地,创建 7 个杨浦区中小学思政学科教师实训基地(其中高中 5 所学校),研究如何用好统编教材,探索思政课教师培训、研学、实践多维一体的机制建设,突出思政课程的关键地位,以点带面开展思政课一体化实践研究。由区内国家级、市级示范校领衔,设立劳动教育课程基地,开展项目研究,形成一套具有可操作性的劳动教育系统实施的策略与方法。

6. 加强课程资源的开发

充分发挥区域文化、科普场馆和高校教育资源优势,加强课程资源的区域开发力度,形成课程设计指导性文本,扩大优质课程资源的辐射面。

(三) 实施步骤

1. 聚焦融合五育、奠基未来的课程体系建设。一是依据新课程新教材实施国家和地方标准,援引市、区、校三层级新课程教研培训,分学科、分学段、分课型完成学校课程方案的规范化设计、系统化实践、特色化建设。二是推进学校课程方案的系统化实践。在新课程框架下,组织课程理念、课程开发、课程实施、课程评价等环节的课程研究,形成较为系统的新课程新教材实施规则;推进在线课程学习平台的开发和运用,形成新课程线上线下同步建设、混合运用、优势互补的新格局。三是推进学校课程方案的特色化建设。鼓励学生打破学科边界开展挑战性学习,培养跨学科、跨领域素养。四是开展"五育融合理念下,区域优化音体美劳学科育人成效的实践研究",形成优化音体美劳学科育人的各学科各学段实践应用模型、表现性评价量表以及教学设计、实施、评价等方面的典型案例。

2. 组建区域专家指导组,指导完善区域新课程新教材实施规划、教育学院和各高中学校新课程新教材实施方案,为形成重点难点问题专项研究指南提供建议。

3. 开展初态和绩效增量调研,对全区高中学校新课程新教材实施现状以及专题建设项目,形成一校一报告和区域总报告,为区域和学校落实新课程新教材提供建设性意见。

4. 课程审议委员会每年审议学校课程计划,指导学校调整课程整体架构,推进国家课程校本化实施,通过精选、改造、开发、选用等方式,审定选修课程,优化课程结构。加强课程计划实施过程管理,确保课程计划全面落实。

5. 与复旦大学高等教育研究所、马克思主义学院深度合作,建立联合研究共同体,探索思政课一体化,组建跨学段的研究团队,建立大中小循序渐进和螺旋上升的学习内容体系,打造一批精品思政课,建设一批符合不同学段学习特点的思想类、理论类、时政类、跨学科类学习资源。举办高层级学术论坛,推进思政学科优秀教师队伍专项培养。建设一批学生课外社会实践活动基地。

6. 加强劳动教育,开展学先进、劳动教育展示、典型案例征集评比等活动;发挥学科育人功能,在语文、历史、思想政治等学科教学中加大对学生劳动态度和劳动观念的培养,在物理、化学、生物和体育等学科加大实践操练和劳动技能的培养;发挥实践育人功能,组织学生开展志愿服务和公益劳动;发挥协同育人功能,加强家庭教育指导,形成劳动教育的家校合力。

7. 探索普通高中课程资源的区域开发与利用。推动高校与高中课程共建。以区域思想政治课程一体化为抓手,研究高中与高校课程相互衔接的实施路径,探索如何在高中实施大学先修课程。倡导学科之间、教师之间、学校与社会各界的合作,研制跨学科、跨界课程,建设更丰富、有特色的选修课程。

8. 建立区域选修课共享平台——"一体化数字管理平台"。利用平台评选最受学生欢迎的课程,遴选高中学校和大学优质课程,丰富、充实高中课程信息化共享平台,扩大优质资源辐射面。

9. 建立区域共享课程评价制度。优质共享课程围绕课程指导、课程监测、课程共享,建立相应的课程培训、实施、反馈、改进机制,依据学生个体差异和学习过程研制课程评价标准。

(四) 预期成果

1. 区域各高中形成学校新课程新教材实施方案集。

2. 形成学校课程计划编制指南。

3. 形成学校课程计划年度汇编。

4. 研制跨学科课程学习指南。

5. 形成区域学校思政课程改革创新实施方案。

6. 形成区域劳动教育课程实施方案。

7. 利用"一体化数字管理平台",建立若干区域共享选修课程库。

8. 建立课程指导、共享和监管制度。

二、强化课程实施,形成有序规范管理课程的新机制

(一) 工作目标

强化课程组织与管理,指导和监督学校严格执行国家课程方案,在已有实践基础上,健全选课走班制度,积极探索有效经验和模式,形成规范有序、科学高效的选课走班运行机制。建立健全学分认定和管理制度,建立区域优质共享课程的选修制度并赋予一定学分。加强学生发展指导的研究,制定符合学生特点的指导内容和方法,形成区域特色经验。

(二) 工作举措

1. 优化选课走班管理机制。根据学校的规模和特点、学生的学习基础和选课情况及师资结构,探索如何在不同层次的高中学校分别实施"大走班"(所有高考科目全部实施走班教学)、"中走班"(语数外学科基本保持原行政班不变,高考选三学科走班)和"小走班"(高考三门必考科目再加上几门选科相同的较多学生优先组成行政班,而其他少量学生或学科实施走班教学)三种走班模式,既满足学生需求,又能降低管理难度。区域搭建信息化选课走班管理平台,学校建立配套的选课走班管理机制。完善走班选课管理平台,坚持系统性原则,对实施选课走班的所有环节进行整体优化,合理规划课程安排,提高管理效能。

2. 建立学分制管理机制。坚持科学性和引领性,建设若干"学分制管理试点校",从试点校开始,逐步探索学分认定与管理办法,规范学分认定过程,为全区高中提供可借鉴经验。

3. 探索建立学生发展指导制度。把学生发展指导制度作为发展素质教育、转变育人方式的重要制度。学校配备专职咨询师,强化其对学生学涯和生涯的重要指导作用。

(三) 实施步骤

1. 开展高中学校选课走班调研,组织高中走班制教学模式课题研究,形成相关的区域指导意见。指导学校结合实际,合理统筹,优化配置教学资源,做好选课走班管理工作。

2. 指导"学分制管理试点校"完善制度,初步建成与个性化学程配套的学分制管理机制。逐步完善并优化跨校、跨界共建课程的学分认定。与高校合作,试点探索大学先修课程的学分认定。

3. 优化学生发展指导制度,切实做好学生的选课指导。根据大学的专业设置、选拔要

求、培养目标及就业方向等内容，区域协同联动，发挥学生发展指导联盟的作用，配足和培训相关师资，帮助学生有计划、合理、科学地选择适合自己发展需求的课程。

4. 开发生涯教育课程。探索生涯规划教育与学科教学的融合，形成相关系列的微课，并实现平台共享，拓展生涯教育的育人功能。

（四）预期成果

1. 形成有效的选课走班实施的区域指导意见、高中"走班制"教学模式探索研究报告、区域选课走班管理平台和学校实施案例。

2. 形成区、校二级的统一学分认定办法和管理机制。

3. 成立两个学生发展指导联盟，形成导师制、典型案例集。

4. 各校形成具有本校特色的生涯规划教育实施方案。

5. 形成生涯和学科融合的系列微课。

三、坚持素养本位，构建适合每一个学生的新教学

（一）工作目标

围绕普通高中课程培养什么人、如何培养人，建构支持培养时代新人、面向未来、又适合每位学生发展的新教学系统。进一步深化指向学科核心素养的创智课堂研究和高中实验教学研究，构建以学科核心素养为导向的单元教学、基于真实情境的深度学习，形成典型案例，实现国家课程目标与学科核心素养的可视化、可操作、可评估，促进学生学科核心素养的形成与发展。

（二）工作举措

1. 开展学科核心素养的细化研究。加强对学科核心素养与新课程新教材深度融合的研究，按照学科素养点、学业质量标准和学情，重构教学目标，重组教材内容，优化过程与方式，促进从教程到学程的转化，实现因材施教。

2. 全面推进单元教学设计研究。形成规范而有学科特点的模块结构，关注在特定情境中解决问题、完成任务时所需知识的关联性；注重开发单元教学设计的工具、量表以及规格的提炼，提升教学设计品质，实现教学评一致。

3. 课堂教学形态研究。探索新技术支撑下的课堂教学新样式，促进学生德智体美劳潜能激发、个性张扬。探索将知识学习与现实生活世界联通的真实问题情境教学策略，提升学生思维能力和思维品质。探索深度学习的路径与方法，关注差异，促进有效互动，多元评价。

4. 深化指向学生创新素养的实验教学研究。在已有基础上，充分利用区域资源，发挥和

完善现有的机制和项目平台的作用,形成比较成熟的、能有效促进高中理科实验教学的多样化路径,促进课堂教学方式的转型,提升教师的教学能力和学生的创新素养。

(三) 实施步骤

1. 全面布局指向核心素养培养的课堂教学改革项目,通过项目推进教学领域的改革。由专家指导组指导,区教研员与学校结成项目实施合作共同体。

2. 梳理各学科核心素养落实中的难点问题,指导各学科基地校形成单元教学设计以及作业设计。由专家指导组牵头调研学校各学科单元教学设计及作业设计实施情况,提出改进意见。

3. 开展以"学习即创造,教学即研究"为主题的创智课堂研究,在学科教学中实践创智课堂理念,探索基于真实问题的情境教学策略,研制各学科"创智课堂"教学实践指南。

4. 组织教研员和骨干教师继续围绕新课程新教材实施的课例进行教学视频的拍摄,覆盖全部学科,加强视频课例的研究示范。形成区域创智课堂变革新样态,并积累相应附件,如案例、视频等。

5. 提炼在创智课堂建设中落实学科核心素养培育的策略、路径等,形成指向学科核心素养培育的创智课堂实践指南;提炼区域推进和学校创建创智课堂的策略、路径,扩大辐射面。

6. 建立"区域实验教学推进机制"和"学校实验教学联动机制",发挥区内物理、化学、生命科学等学科高地名师的引领作用,利用区内创新实验室资源,更好地提高学生的实验能力,发展学生的创新思维、独立思考以及自主学习的能力。

(四) 预期成果

1. 制定核心素养导向的单元设计编制指南。
2. 制定并完善"创智课堂"学科实践指南。
3. 编辑《创智课堂单元学习样例集》。
4. 形成素养导向下的创智课堂新样式案例集。
5. 形成新课程新教材实施视频课例集。
6. 增加高中实验教学自制教具在教学中的使用和推广。

四、强化育人导向,探索基于学业质量标准的新评价

(一) 工作目标

评价对学校教育教学具有重要引导作用,是健全立德树人落实机制,引导树立正确的教育质量观及质量保障体系的切入口。通过建立区域性的、基于新课程新教材的学业质量监

测制度,发挥评价的育人功能,促进教、学、考、评有机衔接,形成育人合力,实现育人目标的有效落实。

(二) 工作举措

1. 加快推进"社会主义核心价值观教育资源开发与应用的实践研究"项目。从实践与研究、指导与推进两个维度上展开相关的行动研究,坚持全员育人、全过程育人和全方位育人,建立理论与实践相结合、育德与育心相结合、课内与课外相结合、学校教育与家庭教育、社会教育相结合的立德树人落实机制。

2. 推进核心素养导向下的教、学、评一致的研究。依据课程标准,构建素养导向的学生学业评价体系,评价学生在相关学科核心素养上的发展、进步状况,体现学生学科能力水平的进阶。

3. 开展基于学业质量标准的考试研究。创新命题形式,让试题与学生的生活经验、社会体验相结合,注重评价学生理解和应用所学知识技能的能力,让考试评价促进学生的核心素养发展。

4. 建立区域综合素质评价方案。建立并完善区域综合素质评价方案,指导学校建立特色评价指标体系。既要考虑对学生发展的统一要求,也要关注学生个体差异,满足学生全面发展与个性发展的需求。

5. 建立学校增值性评价研究。建立基于增值性评价的学校教育质量综合评价体系,通过对比入学质量和毕业质量,科学评价学校教育质量。

(三) 实施步骤

1. 坚持把立德树人融入思想道德教育、文化知识教育、社会实践教育各环节。开展"社会主义核心价值观教育资源开发与应用的实践研究",编写区本教材《中小学生社会主义核心价值观读本》,推进教师育德意识与育德能力提升项目,开发相关研修课程;把课堂作为立德树人的主渠道和主阵地,注重发挥学科德育功能,以政治认同、国家意志、文化自信、人格养成为重点,构建贯穿各学科教学领域的德育内容序列;围绕践行社会主义核心价值观,弘扬中华传统文化、革命文化和社会主义先进文化,组织和指导学校开展党团组织活动和主题教育、仪式教育、课外实践教育等活动;坚持育德与育心相结合,加强心理课程教师培训,提升学校心理健康课程活动与咨询辅导的专业化水平;加强家校联系,成立家长理事会,鼓励家长为学校教育出谋划策;深化与社区的合作,利用社区资源对学生开展革命传统教育、法制教育和安全教育。

2. 开展区域推进学科核心素养导向下的教、学、评一致的研究,指导各学科基地校探索高考新政下的单元作业设计与实施,以研究作业为抓手,推进指向核心素养导向的学业评价。

3. 开展基于情境的、对应学科核心素养的命题与考试评价研究,改革评分方式与规则,引导学生主动学习。

4. 加强普通高中学生综合素质评价研究,建立高考改革和新课程背景下的区域综合素质评价方案,进一步完善学校特色评价指标体系。

5. 利用上海综评信息系统,记录学生学习过程,形成学生学习经历个人"账户",通过数字画像,实现促进学生发展的形成性评价。

6. 建构教育质量综合评价体系,定期对学校教育质量进行评估,引导学校转变育人观念,根据校情和学情,扬长补短,挖掘潜力,突破瓶颈,实现学校教育质量的全面增值。

(四)预期成果

1. 编制核心素养导向下的单元作业和试卷案例集。
2. 完善区域综合素质评价方案。
3. 完善学校综合素质评价方案及各校特色评价指标。
4. 建立学生完整的形成性评价档案。

五、创新研训机制,锻造面向未来的新队伍

(一)工作目标

建立健全区"研训一体"机制,加强教研队伍建设,为新课程新教材的实施提供专业支撑,发挥服务引领作用。发挥吕型伟、于漪教育思想研究中心的思想引领作用,形成杨浦特色教研文化,打造教研实践基地,开展新课程新教材的全员培训。指导区域高中健全校本教研工作制度,确保校本教研在提高学校课程实施质量方面的重要支撑和保障作用。形成区域、基地与学校的三级培养机制,培育一支具有良好育德意识、较强育人能力的教师队伍,全面提高新课程新教材的实施质量。

(二)工作举措

1. 建立健全区域"研训一体"的机制。积极探索教师培训与教研有机结合的有效运作方式,根据培训方案及教研目标,以研促践,不断完善,不断创新。

2. 建设吕型伟、于漪教育思想研究中心。以吕型伟、于漪教育思想为引领,建立具有杨浦特色的优良研修文化,发挥学科名师、学科高地的专业引领作用,打造促进高中教育改革与发展的学术交流中心、教研实践基地,推动杨浦成为全国基础教育教师培养的高地。

3. 创新教研机制与方式。创新教师教育机制与方式,依托试点学校、培训基地、学科联盟,建设多方联动、线上线下协同的教研机制,建立新课程新教材研训基地(工作坊),为新课

程新教材实施提供专业支撑,推进教师在新课程改革中实现专业发展。

4. 加强校本教研实效性。指导区域高中健全校本教研工作制度,编制校本教研方案,成立校本教研领导与组织机构,明确分工与职责,组织全体教师参与校本教研,注重研究质量,积累研究成果。

5. 加强教师育德能力。增强教师育德意识与育德能力,突出德育时代性,推进家、校、社区、高校一体共育。

(三)实施步骤

1. 深化"研训一体"机制研究,以专题为引领,以问题和课例为载体,以研究和培训为手段,提升研训实效。

2. 在上海市教委支持下,在上海市杨浦高级中学,建设"于漪教育思想研究中心"。一是从理论和实践两个层面对"人民教育家"于漪老师的教育思想进行研究,不断丰富于漪教育思想的理论价值和实践价值。二是展现于漪教育生平和教育思想成果。三是开展师资教育培训,将研究中心打造为面向全市的教师培训基地,以学习于漪教育思想、弘扬于漪教育精神为宗旨,服务全市乃至全国的教师队伍建设。依托上海市市东实验学校,建设"吕型伟教育思想研究中心",传播和分享吕型伟在办学改革、课程建设、家庭与社区教育等领域的教育思想。聘请高校或科研机构的吕型伟教育研究专家参与中心建设,定期举办教师论坛、专题论坛等主题活动。

3. 依托区教育学院、示范校、基地、学科联盟,建立新课程新教材研训基地(工作坊),建立多方联动的教研机制。

4. 开展区域教研工作创新发展研究,探索构建线上线下协同的教师混合研修平台,为新课程新教材实施提供专业支撑。

5. 组织分层分类教研,组织区域教研、校际的备课组交流活动,以课改为主题,开展基于课程标准的单元整体教学实践,探索学科核心素养落地路径,组织学科核心素养与学生个性发展、跨学科学习等专题教研,提升教师课程意识,分享、辐射经验。

6. 指导并鼓励各学科试点校开展校本教研,各学科定期组织落实新课程新教材的教研活动。建立教研员联系学校制度,加强蹲点调研和精准指导。

(四)预期成果

1. 开发传承与弘扬吕型伟、于漪教育思想的培训课程。
2. 形成研训一体化区域教研机制。
3. 形成学校校本教研制度集。
4. 建立教研员联系学校制度。

六、科学系统推进，全面探索区域新课程新教材实施的新平台

（一）工作目标

深化与高校的合作，进一步强化"四链三点"的基础教育集团建设，致力于将区域丰富的百年文化、高校等社会资源转化为教育资源，促进学校、家庭、社区共育，形成全方位、全过程、多层次服务于新课程新教材实施的智力支持。建设便捷、友好的学习与交互平台，以点带面，推动区域教育的智能升级，为新课程新教材实施提供技术支持。

（二）工作举措

1. 探索一体化人才培养模式。强化"四链三点"的基础教育集团贯通培养机制，探索完善"一体化管理、一贯制教育"的人才培养链。加强学校、家长和社区的互动，形成合力，营造多方协同育人环境。

2. 多方联动实现课程资源整合。加强复旦附中联盟、交大附中联盟、控江中学教育集团，同育创新素养联盟、创新实验室联盟、学生发展指导联盟、高中学科高地等教育平台的协同联动，实现课程资源共建共享。

3. 信息化助力教育教学转型发展。借助5G、人工智能、互联网、物联网、大数据采集与分析等现代技术，提升管理能级，优化教学流程，转变学习方式，开展个性化教学，进一步推进教育教学与信息化融合。

（三）实施步骤

1. 区域牵头，推进高校与区内高中的深度合作，建立理事会机制，争取高校在课程建设、学校管理等方面的有力支持，探索合作育人模式，建设大学与高中共建的人才培养一体化平台。

2. 建立大学特色课程和实验班，共建人才培养基地，实现实验室、场馆、师资等的共享，形成各类资源共享平台。

3. 发挥杨浦优质教育资源优势，搭建跨校研究平台，促进区内各教育联盟、学科高地的内部联动，有效实现课程教学的资源辐射。

4. 以区域试点校同济大学第一附属中学为试点，建设新技术支持的新学习空间——智慧校园，进一步优化、开发、更新在线课程，优化"微辅导"等功能，提升平台智能化水平。组建基于数据自动生成的"网班"和移动学习社群，促进学生因需而学、主动学习、与他人良性竞争和交往；支持并促进教师提供差异化教学与个别化指导，同时相互学习，提升专业素养。

5. 统筹建立一体化的数字教学管理平台，搭建教育数据仓储，共享智能化校园管理和教

育服务,推进教育向智能化转型。

(四) 预期成果

1. 总结、完善"四链三点"贯通培养机制。
2. 提炼家、校、社区、高校一体共育经验。
3. 形成一批信息技术与教育教学融合的案例。

第三节 重点突破

一、核心素养导向的"创智课堂"研究

"创智课堂"是指在正式学习环境、非正式学习环境以及网络所建构的虚拟学习环境中,以学习者的学习创新为核心,教师的教学创新为依托,突破传统的教学结构及形态,促进师生智慧生成的课堂变革行动。在"双新"实施国家级示范区建设背景下,"创智课堂"主动呼应信息时代和"双新"变革的导向,在整理前期建设成果的基础上,以素养培育为核心,以信息技术融入为重点,探索从"知识为本"到"育人为本"、从"知识核心时代"走向"核心素养时代"的课堂改革之路,从而建构作为"双新示范区"应有的课堂整体新样态。

一是反思并完善"创智课堂"先期研究成果和实践经验。依据核心素养培育的要求,从理论框架的修订、变革路径的完善和推进机制的提炼等方面,对先期"创智课堂"的研究成果和实践经验加以总结、反思和修订,明确"创智课堂"再出发的基础,确立新一轮"创智课堂"建设的起点。

二是研发核心素养导向的"创智课堂"变革支持工具。以学科核心素养为指引,围绕高中新教学所强调的单元设计和深度学习等要求,开展"基于学科核心素养的深度学习研究与实践""基于学科核心素养的教、学、评一致性研究与实践""单元教学视域下的作业设计研究与实践"。研发情境设计、任务设计、作业设计和学习活动设计等要素的具体规格,形成一套教师可采用的具体方法和工具。

三是探索信息技术与教学实践的深度融合。选取区域试点学校,开展"创智课堂"线上与线下融合的混合教学模式的探索,建设创智课堂的"虚拟学院"。同时,选取部分试点学科,开展学科核心素养和大概念指向下的学科知识图谱建设,增进信息技术、人工智能与课堂教学的融合。

四是完善以"智慧教师工作坊"的运作为特征的区域创智课堂推进机制。总结以往"智慧教师工作坊"的工作内容、开展路径和运转情况,探索"智慧教师工作坊"对基层课堂教学

的影响方式、影响效果与存在的问题，从"双新示范区"教学改革的要求出发，为"智慧教师工作坊"的运行提供更多专业支持。

预期成果：

1. 形成一系列学科教学的实践指南与支持工具，实现学科核心素养的落地。

2. 形成可供示范和推广的一套混合教学模式，打造新课程新教材实施背景下杨浦"创智课堂"的新样态。

3. 构建试点学科的学科知识图谱，形成学科核心素养和大概念指向下的学科知识图谱的建设经验。

4. 形成以"智慧教师工作坊"的运作为特征的区域创智课堂推进机制，总结并呈现"创智课堂"的典型样态与智慧教师适应性专长的发展模式。

二、跨学科课程设计与实施研究

跨学科项目研究坚持理论研究与实践探索相结合、目标导向与问题导向相结合、全面布局与重点突破相结合，合力开展以下三大方面的研究。

一是跨学科课程设计与实施的理论研究。把握跨学科课程设计与实施的国内外实践进展与发展趋势，形成跨学科课程设计与实施的文献综述，厘清跨学科课程的核心概念、内涵特征，明晰跨学科课程的课程定位、价值取向和基本要素等。

二是跨学科课程设计与实施的区校实践。项目学校在总结提炼已有跨学科课程设计方法的基础上，探索跨学科课程的实施路径，如线上实施与线下实施，教师主导实施与学生自主实施等；探索跨学科实施的保障机制，如师资培养、组织重构、资源支撑、制度重建等。区域层面将在指导项目学校跨学科课程设计与实施的实践探索的基础上，梳理提炼跨学科课程设计的主要流程、基本方法和设计规格，以及跨学科课程实施的主要路径；研发通识性的跨学科课程评价工具，积累区域跨学科课程资源，为学校和教师开展跨学科课程设计与开发提供课程资源与工具支持。同时，探索跨学科课程设计与实施的制度与机制保障，着力形成可复制、可推广的做法与经验。

三是跨学科课程设计与实施的评价研究。区域层面研发跨学科课程设计与实施的评估框架与通识工具，学校层面开发具有学段特征和校本化的跨学科课程设计与实施的评估工具，探索跨学科课程设计与实施的实证检验，依托评估反馈不断改进优化跨学科课程的设计与实施实践。

预期成果：

1. 跨学科课程的设计与实施研究总报告。

2. 跨学科课程设计与实施指南。

3. 跨学科课程教学实践案例集。

4. 跨学科教师培养的案例集。

5. 跨学科教师培养的路径与机制。

6. 跨学科课程设计与实施的制度文本。

三、技术支持下的教与学模式变革

依托"基于教学改革、融合信息技术的新型教与学模式"实验区项目,紧密围绕新课程新教材实施,促进信息技术与教育教学的深度融合。

一是加强新课程新教材及其拓展型读本的数字化建设,同步更新与教材内容相关的微视频资源库,形成基于学生课前、课中及课后三大应用场景的全媒体互动数字化教学模式。

二是创新教学情境,与上海市电教馆合作进行创新教育和研究性学习项目平台的研发建设。积极探索适应新时代和未来教育的新型教与学模式,充分发挥教育大数据在教学诊断改进中的作用和优势,促进学生进行个性化、社会化、情景化的深度学习。

三是通过系统平台的整合,建设"学校信息化基础应用平台",汇聚学生学习行为数据、练习数据、测评数据、身心发展数据等。运用教育数据挖掘和学习分析技术,实现多元化过程性评价,结合学生综合素质评价,构建学生成长档案,使得对学生的评价更加全面。

预期成果:

1. 体现素养导向下的技术与教学融合的云平台,有效使用学校信息化基础应用平台。

2. 建设支持新课程新教材实施的课程教学数字资源,创新教育和研究性学习项目平台。

第四节 落实工作要求

一、加强组织领导

建立新课程新教材实施三级管理网络。领导小组由杨浦区人民政府副区长王浩担任组长,区教育局局长卜健、分管局长朱萍和区教育学院院长周梅为组员,主要职责是统筹规划和领导项目实施,研究制定各项保障措施,落实课改经费等。领导小组下设办公室、专家指导组等部门。"办公室"主要职责是分工协作,负责项目的具体组织与实施;专家指导组成员由特邀大学专家学者、校长、市教委教研室专家、教育学院高中教研员和学校高端教师等组成,为深化高中与高校合作办学,利用高校资源支持高中学校优化管理、开展课程建设等提供指导与建议,为研究性学习和师资培训等提供专业支撑。

二、强化培训研修

开展新课程新教材教师全员培训。做好基础培训,对校长开展基于新课程的领导力培训,对教师开展基于新教材的教学融合能力培训;组织专家团队分层指导培训工作,基地学校做好示范;发挥教研专业支撑作用,探索区域联合教研、校际联合教研、"智慧教师工作坊"等多种研修机制,组织开展指向学科核心素养的单元教学实践研究、新课程新教材实施重点难点问题研究。

三、重视研究指导

组建专家指导组,组织杨浦区优秀教研员、校长和教师以及市教委教研室、各高校等的课改和学科专家,组建一支教学理念先进、研究能力强、实践经验丰富的专家指导队伍。开展新课程新教材学校落实情况专题调研,聚焦学校在课程建设、教学改进、考试评价、教研模式等领域的工作进行课程指导,及时发现学校新课程新教材实施过程中出现的问题,并提出指导意见。

形成普通高中新课程新教材示范区工作机制,包括:

建立**课程指导和监测制度**,聚焦课程指导、课程监测、课程共享,建立相应的课程培训、实施、反馈、改进机制,构建新课程新教材的评价机制;建立**区域课程评价制度**,包括学校课程领导力项目督导评价机制、新课程新教材的学业评价机制和统一的学分认定与管理制度等。

四、注重示范引领

形成可借鉴、可推广的区域实施新课程新教材的经验做法和典型案例,并通过教育集团、学科高地、项目联盟等平台辐射项目成果。组织研讨交流等形式加强宣传推广,切实发挥好示范引领和带动作用。

主动服务国家脱贫攻坚战略,向云南和贵州辐射示范区新课程新教材实施成功经验。借助信息技术手段,提供优秀课例上门活动,接收对口地区骨干教师跟岗培训,协助对口地区研究普通高中新课程新教材的实施路径与策略,精准扶贫,共享未来。

五、加强管理评估

组织专家团队、调研学校反馈意见,根据三年规划和年度工作计划,制定新课程新教材区域和学校实施评估指标。定期召开各部门、各单位联席会议，总结阶段工作，对区域和示范校落实情况开展自我评估。对实施主体开展年度发展性督导评估，引导实施主体深入推进各项举措，及时调整实施方案，提炼经验成果。

第五节　工作保障

一、队伍建设

充分依托实验校，组建 5 个新课程新教材实施培训基地，组织全区公、民办高中学校的分管校长和教师赴培训基地，进行挂职交流或跟岗学习。以专家指导组成员为骨干，为每所实验学校配备 3 名课程教学专家，定期进行实地调研和指导，提升校长课程领导力和教师教学能力。

二、经费投入

设立专项资金，经费来源为市基础教育部分教育费附加专项转移支付、区内涵建设项目经费，每年为实验校提供经费支持，支持学校开展教研、科研、教学实践、交流活动和设备添置等。

三、条件保障

搭建交流平台，定期组织论坛，汇编优秀案例等成果，以经验交流扩大辐射面。

第六节　推进计划

一、第一年(2020.9—2021.8)

目标：做好顶层设计，初步形成机制，开展培训指导，规范课程实施

1. 做好顶层设计。组建专家指导组，对全区高中学校"双新"实施现状开展调研，形成一校一报告，为学校落实"双新"提供建设性意见；在调研基础上形成区域"双新"建设规划，组织教育学院和各高中学校制定"双新"实施方案;布局"双新"基地校,设立重点项目和重点学科试点校;建设吕型伟、于漪教育思想研究中心,打造高中课改学术交流中心、教师专业发展实践基地。研制各学科课程教学指南、单元教学设计指导手册、跨学科课程以及项目化学习指南;研制"思政一体""劳动教育"和"综合实践"课程实施意见。依托复旦大学建立杨浦区大中小学一体化的习近平新时代中国特色社会主义思想教师研修基地,创建 7 个杨浦区中小学思政学科教师实训基地(其中高中 5 所学校)。

2. 初步形成机制。建立课程管理机制,组织学校制定新课程计划,建立课程计划审核机制;建立区域性的、基于新课程新教材的学业质量监测制度,推进学科核心素养导向下的教、学、评一致研究;开发区域一体化数字教学管理平台,开发排课管理系统;制定学生发展指导意见,建立学生发展指导制度;搭建区域"高中选修课共享平台",探索区域选修课共建共享以及高中实施大学先修课程方案;建立局、院、校联席会议制度,及时总结和推进各项工作;探索普通高中教育质量综合评价研究,制定"双新"评估指标,对实施主体开展年度发展性督导评估;加强普通高中学生综合素质评价研究,完善区域评价方案。

3. 开展培训指导。分类培训与研究指导,组织全体教师参加区域和学校层面的培训,贯彻新课程新教材理念。开发基于新课程的高中校长课程领导力培训课程,组织校长培训。开展区域教研工作创新发展研究。组织分层分类培训,指导学校开展学科核心素养的细化研究。建立教研员联系学校制度,加强蹲点调研和精准指导。开发教师育德意识与育德能力研修课程,突出德育的时代性。开展对云南和贵州对口地区的帮扶工作,召开远程视频会议,了解帮扶地区教育教学现状和需求,制定帮扶方案。

4. 规范课程实施。按照新三类课程要求,各校制定课程计划;调整课程整体架构,建立凸显"五育并举"的课程体系,落实三类课程规范实施;开展指向学科核心素养的"创智课堂"研究,探索基于真实情境的深度学习,构建以学科核心素养为导向的单元教学,指导各校完成单元教学视域下的教案以及作业设计;梳理各学科核心素养落实中的难点问题,形成研究课题;在基地校开展校本教研工作创新发展研究,在部分学校开展学分认定和管理试点,在部分高中试点实施大学先修课程。开展"五育融合理念下,区域优化音体美劳学科育人成效的实践研究"。

二、第二年(2021.9—2022.8)

目标:完善实施方案,优化管理机制,深化教学实践,完善评价体系

1. 完善实施方案。开展中期评估,开展"学校课程体系建设"专题调研,形成调研报告;召开联席会议,总结项目中期进展情况,组织各单位、各部门对实施方案进行调整和完善,为下一阶段工作实施奠定基础。

2. 优化管理机制。调查"一体化数字管理平台"运行情况,完善平台功能,提升管理效能;评选最受学生欢迎的选修课程,遴选高中学校和大学优质课程,丰富、充实高中课程信息化共享平台,扩大优质资源辐射面;调研学分制管理试点校,指导学校完善制度;对基地校进行督导评估,形成评估报告。搭建展示交流平台,遴选部分基地校和重点项目进行交流展示;加强对口帮扶工作,组织人员赴对口地区实地考察、交流,提供优秀课例上门活动,接收对口地区骨干教师跟岗培训,协助对口地区研究普通高中新课程新教材的实施路径与策略。

3. 深化教学实践。继续开发多样化、有特色的选修课程,形成基本满足学生选课需求的校本课程体系。组织"跨学科"专题培训,加强跨学科、跨界课程的开发,提高学生的综合能力;深化指向学科核心素养的"创智课堂"研究,开展信息化、人工智能与课堂教学融合研究,开发人机对话的自适应学习系统,再造教学流程,促进线上线下融合的混合式教学与精准辅导;组织教研员和骨干教师围绕新课程新教材实施的课例进行教学视频的拍摄,覆盖部分学科;推进国家课程校本化实施,在各学科基地校形成单元教案以及作业设计;开展基于情境的、对应学科核心素养的命题研究,改革评分方式与规则,引导学生主动学习;围绕"学科核心素养与学生个性发展"的主题,组织区域教研、校际备课组交流活动,分享、辐射经验;加强生涯教育队伍建设,探索高中生涯规划教育与学科教学的融合。形成优化音体美劳学科育人的各学科各学段实践应用模型、表现性评价量表以及教学设计、实施、评价等方面的典型案例。

4. 完善评价体系。建立指标体系,完善区域课程评价制度;在前期实践基础上,完善区域性的新课程新教材学业质量评价标准;指导学校完善学生综合素质评价方案,加强表现性评价研究,通过过程性的数据积累,全面检测学生的核心素养达成度。

三、第三年(2022. 9—2023. 8)

目标:完成结项评估,形成长效机制,辐射共享成果

1. 完成结项评估。根据区教育局评价指标,对照"双新"实施方案,组织局相关部门、院、校开展自评,形成自评报告。专家指导组开展三年"双新"实施情况调研,形成调研报告;组织课程教学改革论坛,系统总结区域工作,形成总结报告。

2. 形成长效机制。总结、完善"四链三点"贯通培养机制,推进家、校、社区、高校一体共育;完善高中选修课平台和课程信息化共享平台,建立成熟的一体化数字教学管理平台;完善学分制管理制度,在所有高中推行学分制管理;建立有效的区域联合教研、校际联合教研机制。

3. 辐射共享成果。征集和遴选关于课程建设、创智课堂、教学组织管理、学生发展指导、评价改革、教师培养、教研机制创新和信息化建设等方面的优秀案例、学习资源和其他研究成果,通过基地校、教育集团、学科高地、各类联盟、培训中心、区域课程共享平台、对口帮扶、专业刊物等平台和路径加以辐射和共享。拟辐射的改革成果主要包括:一是区域课程教学设计和管理机制方面的指导性文件,二是不同层次的高中学校国家课程校本化实施的经验总结、区域优化音体美劳学科育人成效的实践研究,三是区域选修课程、跨学科课程、特色课程资源库及信息化共享平台,四是核心素养培育导向下的区域"创智课堂"推进机制、覆盖全部学科的"创智课堂"示范性课例、线下线上混合式课堂教学模式研究,五是区域选课走班管理平台和学分制管理机制建设,六是跨校特色教研机制和依托著名教育家教育思想研究中心的师资培训课程开发,七是激发办学活力的质量评价体系,八是依托高校的贯通式培养模式的探索,九是学生发展指导的有效性研究与实践,十是对口帮扶薄弱地区的经验总结。

第六章 杨浦区高中"双新"国家级示范区建设工作杨浦区教育学院实施方案（2020—2023年）

第一节 总体思路

一、指导思想

为贯彻落实国务院《关于新时代推进普通高中育人方式改革的指导意见》、教育部《关于做好普通高中新课程新教材实施工作的指导意见》（教基〔2018〕15号）和《关于普通高中新课程新教材实施国家级示范区示范校推进工作实施方案（讨论稿）》文件精神，根据《上海市杨浦区普通高中新课程新教材实施国家级示范区建设工作三年规划（2020—2023年）（讨论稿）》的部署，围绕素养导向下的区域课程体系建构、创智课堂深化研究、学业质量监测、学习空间搭建、研训体系建设等工作，充分发挥杨浦区教育学院在普通高中新课程新教材国家级示范区建设中的"研究、指导、服务、管理"职能，深入推进立德树人根本任务的有效落实，积极探索有效推进普通高中新课程新教材实施的路径，进一步深化我区普通高中课程改革，助力区域建构富有创新、智能、贯通特色的高中教育体系。

二、工作目标

总目标：通过高中"双新"国家级示范区建设，探索有效推进我区普通高中新课程新教材的实践路径，建构规范、创新、特色的课程、教学、研训体系，建成师生融合学习空间，形成一系列指向问题解决，具有示范作用、借鉴意义和推广价值的经验和成果，培养一批具有先进教育理念、卓越实践成果的优秀教研员、骨干教师，形成三大创新素养培育为核心、大中小一体化贯通式培养为基础、技术融合的教与学新模式为基本样态的区域高中教育体系。

具体目标如下：

1. 指向五育并举的区域课程体系基本建构。指导学校制定课程实施规划，设计区域选修课程框架，明确跨学科课程规格，建设一批区域优质选修课程、跨学科课程，围绕思政、劳动教育、综合实践活动、生涯教育等，加强重点领域的课程建设。

2. 素养导向的课堂教学改革深入推进。基本形成以提升学科素养为基本目标、深度学习为基本特征、融合教学为基本形式、单元教学和作业为基本路径的创智课堂新样态。

3. 基于学业质量标准的考试评价制度基本建立。确定高中各学科学业质量标准及其配套的考试评价制度，建设一批素养导向的考试与命题专题培训课程。

4. 有效提升教师专业胜任力的研训机制基本形成。构建服务于高中新课程新教材实施的教师研训课程框架，形成教师创新工作坊运行机制、校本教研指导机制、跨校联合教研机制。

5. 体现融合创新的学习空间基本建立。建设以智能环境、智能平台为核心的师生学习空间，促进技术与课堂教学的深度融合，推动师生学习方式的转型。

三、实践模型和工作策略

本项目以学会学习、实践创新、责任担当三大素养的培养为核心，通过课程体系的建构、课堂教学的改革、评价制度的建设、研训体系的构建、融合学习空间的搭建五大子项目，深入推进区域高中新课程新教材的落实，助力富有创新、智能、贯通特色的高中"双新"示范区建设。

在五大子项目中，五育并举的课程体系建构、素养导向的课堂教学改革、基于学业质量标准的考试评价制度三者互相融合，互相影响，构成了学院高中新课程新教材实施的核心。有效提升教师专业胜任力的研训机制的建设，承担着为课程、教学、考试改革的深入推进培养最活跃、最积极、最关键的人物——教师。融合创新的学习空间的建设，可以通过提升教师信息素养和信息化教学的能力，推进资源建设、平台搭建、大数据分析与应用等，助力课程体系建设、教与学方式的转变、评价方式的转变。

四、工作策略

1. 全面育人体系化：在五育并举理念的指引下，通过建构体现国家意志、富有区域特色的课程体系、教学体系、评价体系和教研体系，健全五育并举、全面发展的育人机制。

2. 实践研究项目化：聚焦普通高中新课程新教材实施中的重难点问题和关键问题，通过五大项目研究，形成一批指向问题解决，具有示范作用、借鉴意义和推广价值的经验和成果。

3. 建设成果特色化：在高中课程设置、课堂教学、教师研训等各环节创新思路和方法，强化落实"实践创新""学会学习""责任担当"三大素养，建构富有区域特色的新课程和新教学体系,凸显我区"国家级创新试验区"特色。

4. 工作机制协同化:在师资培训、课程开发、课题研究和学生实践等方面与高校、市教研室、社区加强合作,丰富"三方合作"机制内涵。

第二节　主要任务

一、指向五育并举的区域课程体系建设

1. 学校课程文本编制指南研究。推进普通高中新课程新教材转化落地,指导学校编制课程实施规划,开展课程方案、课程纲要、单元教学设计三级课程文本的设计、评估与完善,有序推进新课程新教材实施。

2. 重点领域课程建设研究。开展"大中小学一体化中国特色社会主义思想'三进'实践"研究,依据《大中小学劳动教育指导纲要(试行)》《中小学综合实践活动课程指导纲要》以及上海市教委颁布的《关于加强中小学生涯教育的指导意见》等政策文件,开展劳动教育课程、综合实践活动课程、生涯教育课程等重点领域课程的建设。

3. 跨学科课程设计与实施研究。开展"跨学科课程设计与实施"研究,从跨学科课程的目标、内容、实施、评价等方面入手,提炼跨学科课程的设计规格,指导学校开展跨学科项目化学习,探索跨学科课程协同教学模式。

4. 区域选修课程体系建设。开展指向学生德智体美劳全面发展的区域选修课程框架建设研究,通过建设区域选修课程的培育、遴选、推送、培训、评价及体系更新机制,建设区域选修课程体系,推动优质课程区域共享。

二、素养导向的创智课堂实践研究

1. 单元教学设计与区域推广研究。以智慧教师工作坊为支撑,教研员带领教师团队开展深度学习研究与实践,依据素养培育的要求修订学科单元教学指南,开展深化核心素养落实的教、学、评一致性研究与实践,单元教学视域下的作业设计研究与实践,开发一系列学科单元教学的实践指南与支持工具,为教师的课堂教学变革提供变革支架和专业引领。分析智慧教师工作坊对基层课堂教学的影响方式、影响效果与存在的问题,探索"双新"背景下智慧教师适应性专长的发展模式,建构区域智慧教师工作坊的有效运行机制。

2. 技术与教学融合的实践探索。利用互联网、人工智能等新技术的研究成果,主动开展信息技术融合式教学研究,通过知识图谱的构建以及大数据分析平台、数字教学环境、线上

学习资源的建设,开发"双新"背景下指向单元教学的课程资源及其使用平台,引导教师开展多样化的线上线下融合教学,提高学习指导的精准度,促进有效互动,多元评价,激发学生学习兴趣,引导学生自主学习、个性化发展,实现因材施教。

3. 指向学生创新素养的实验教学研究。充分利用区域资源,发挥和完善现有的机制和项目平台的作用,形成比较成熟的,能有效实施高中实验教学、实践类学习的多样化路径,促进课堂教学方式的转型,提升教师的教学能力和学生的创新素养。

三、基于标准的学业质量评价研究

1. 区域高中学业质量标准测试框架研究。深入研读高中学科新课程标准,围绕学科必备品格和关键能力,细化学科核心素养在具体年段、具体学科中的体现,明确学生应达到的学业标准,制定区域高中学业质量测试框架。

2. 基于学科质量标准的命题研究。根据学业质量标准和学科测试框架,开展基于情境的、体现学科核心素养、对应学业质量标准的命题研究,形成试题样例,开展命题研修课程。进一步完善基于标准的评价制度,规范测试的流程、技术,开发"双新"背景下指向核心素养培育的一系列学业质量评价样例。

四、提升教师专业胜任力的研训机制研究

1. "双新"教师研修框架设计。围绕普通高中新课程新教材实施方案,建构点面结合的教师研修框架。对全体教师开展新课程新教材理念、教育教学原理、有关本体性知识、育德意识与能力、学习科学理论、跨学科知识视野、学习环境创新等专题培训。针对落实新教材过程中遇到的问题,采用"智慧教师工作坊"的模式,由教研员带领教师团队,围绕新教材实施中的关键问题开展学习研究。

2. 研修一体化课程开发。加强对素养导向下的新课程新教材的研究,探索"目标导向式"与"问题导向式"相结合、证据与经验相结合、研究与培训相结合,参与式、项目化、模块化的研修一体化课程。

3. 校本研修支持体系建设。立足学校实际,以实施新课程新教材、探索新方法新技术为重心,围绕区校贯通的主题与任务,指导教研组、备课组、年级组开展专题化、主题化的校本研修活动,不断提高学校新课程新教材的实施水平。

五、凸显技术融合创新的学习空间建设

1. 区域课程平台建设。建设区域课程资源平台,提供优质的选修课程、综合实践活动、

跨学科课程等方面的课程资源,满足学生自主学习、个性化学习的需求。充分利用网络学习空间的学习数据,为学生的个性化学习提供精准服务。

2.区域研修平台建设。建设杨浦云教研平台,实现即时推送教师课程资源、随时跟踪教师学习情况,并在平台上搭建多元互动研讨的空间,通过平台分享"双新"建设中涌现的优秀课例、经验、成果,方便校际教师的交流和学习。

3.创智教学环境建设。以"创智云课堂"为抓手,开展信息技术深度融合的教学实践与创新研究,推进后疫情时代混合式学习、人工智能技术在教育中的应用、基于数据的课堂教学与学习指导研究,提升师生的信息化素养,促进教与学方式的变革。

六、项目研究路径

依据项目研究目标与内容,对项目推进进行明确分工,以便形成相互之间的持续互动,具体研究路径如图6-1所示。

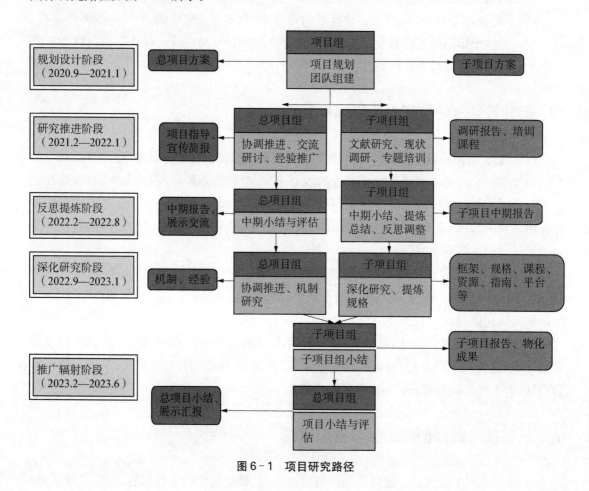

图6-1 项目研究路径

第三节 年度推进计划

一、第一年(2020年7月—2021年6月)

目标:对区域各高中学校课程实施和信息化应用情况开展初态调研,确定重点研究项目和项目校;开展高中新课程新教材实施相关的文献和政策研究,制定子项目研究方案,研制课程规格和表现样例;对校长、教研员、教师开展高中新课程新教材实施专项培训和专题教研;完成第一批跨学科课程和教师培训课程建设。

表6-1 各项目组工作职责及任务

项目组	工 作 任 务
总项目组	任务一:学习领会《上海市杨浦区普通高中新课程新教材实施国家级示范区建设工作三年规划(2020—2023年)》的精神,根据区域高中课程与教学实施现状,确定学院重点研究项目,做好总项目规划。
	任务二:定期召开项目组例会,及时总结和推进各项工作。
课程组	任务一:调研区域各高中学校课程实施情况,完成调研报告,制定研究计划,确定项目校。
	任务二:研究国家课程方案以及学校课程文本编制规范,形成学校课程实施方案指导意见,对学校教学管理人员、教师进行课程计划编制专题培训。
	任务三:推进重点领域课程研究,收集优秀课程案例。
	任务四:开展国内外高中新课程相关政策研究,初步确定区域选修课程体系框架。
	任务五:研制跨学科课程规格,培育第一批区级共享优质跨学科课程资源。
	任务六:组织和参与市、区关于课程的各类研讨、展示活动。
教学组	任务一:开展国内外高中教学改革的对比研究和高中课改相关政策研究,制定素养导向下的创智课堂研究框架,确定项目校和试点学科。
	任务二:对教研员、教师进行课程理念、信息技术、相关本体性知识和单元教学设计专题培训,组建智慧教师工作坊。
	任务三:选择试点学科,根据学科核心素养培养目标,修订学科教学指南。
	任务四:研制素养导向下单元教学的表现样例,组织相应的教研活动。
	任务五:设计指向单元教学的课程资源规格,搭建资源平台框架。
	任务六:开展指向学生创新素养的实验教学研究,积累优秀案例和素材。
	任务七:组织关于高中新教材实施的各类展示、研讨活动。
评价组	任务一:开展国内外高中学业水平测试的相关文献研究,制定研究计划,确定项目校。
	任务二:选择试点学科,细化学科核心素养在具体年段、具体学科中的体现,制定试点学科高中学业质量测试框架。

项目组	工 作 任 务
	任务三:对教研员、教师进行素养导向下的命题专题培训。
研训组	任务一:研究普通高中新课程新教材实施的相关文件,调研区域各高中研训需求,制定项目计划,确定项目校。
	任务二:分级分类开展新课程新教材理念、教育教学原理、有关本体性知识、育德意识与能力、学习科学理论、跨学科知识视野、学习环境创新等专题培训。
	任务三:成立"智慧教师工作坊",组建研究团队,确定研究重点,制定研究方案。
	任务四:教研员组建学科核心团队,围绕教学重难点问题,设计研修课程。
	任务五:根据区域高中校本教研调研报告,制定初步的校本研修支持方案。
学习空间组	任务一:调研区域各高中学校信息化应用情况,完成调研报告,制定研究计划,确定项目校。
	任务二:开展信息科学、教育科学、学习科学的研究,确定技术融合创新的学习空间的基本样态和建设路径。
	任务三:对教研员、教师进行信息化素养专题培训。
	任务四:收集整理优秀课程资源、教学资源、教研资源。
	任务五:设计融合学习空间框架,初步搭建区域教研空间、创智教学空间、区域课程空间。

二、第二年(2021 年 7 月—2022 年 6 月)

目标:深化项目研究,开展学校课程实施方案的编制指导,初步形成各类课程规格;收集创智课堂表现样例,初步形成课堂规格;初步形成研修课程框架、校本教研支持方案、智慧教师工作坊运作机制等成果;初步建成区域教研空间、创智教学环境、区域课程空间;开展中期评估,调整研究方案;持续开展高中新课程新教材实施专项培训和专题教研;形成第二批跨学科课程和教师培训课程;形成一批研修一体化课程。

表 6-2　各项目组工作职责及任务

项目组	工 作 任 务
总项目组	任务一:组织各子项目中期评估,调整总项目规划。
	任务二:定期召开项目组例会,及时总结和推进各项工作。
课程组	任务一:研制劳动教育、综合实践活动课程开发规格,培育第二批区级共享优质课程资源。
	任务二:初步形成《学校课程实施方案编制指南》,对试点学校教学管理人员、教师进行课程计划编制和实施专题培训。
	任务三:组织重点领域、跨学科课程的各类展示、研讨活动。
	任务四:初步完成区域选修课程框架设计。

项目组	工 作 任 务
	任务五:提炼总结课程设计与实施中的经验,形成特色经验。
	任务六:完成项目中期评估,调整后续研究方案。
教学组	任务一:收集优秀单元教学表现样例,提炼单元教学设计规格。
	任务二:通过智慧教师工作坊,教研员带领教师设计学科单元教学的实践指南与支持工具。
	任务三:收集整理技术与教学融合的优秀教学案例,梳理融合式教学的实施策略。
	任务四:组织关于创智课堂的各类展示、研讨活动。
	任务五:收集指向单元教学的优秀课程资源,上传至资源平台,组织师生学习。
	任务六:提炼总结指向学生创新素养的实验教学实践的经验和规格,形成初步研究成果。
	任务七:完成项目中期评估,调整后续研究方案。
评价组	任务一:各学科根据课程标准,细化学科核心素养在具体年段、具体学科中的体现,制定区域高中学业质量标准测试框架。
	任务二:进一步开展基于学科学业质量标准的命题研究,设计命题培训课程,积累优秀学业质量评价样例。
	任务三:监测区域教学质量,分析问题,提出改进措施。
研训组	任务一:根据"双新研究框架",面向全体教师,继续开展新课程新教材理念、教育教学原理、有关本体性知识、育德意识与能力、学习科学理论、跨学科知识视野、学习环境创新等专题培训。
	任务二:利用研修一体课程,开展更大范围的教师研修,优化、完善课程设计。
	任务三:推进"智慧教师工作坊"建设,初步形成问题导向的教研工作机制。
	任务四:在试点校开展校本研修支持方案实施研究,查找问题,调整方案。
	任务五:指导学校修订校本教研管理制度。
学习空间组	任务一:完成区域教研空间、创智教学环境、区域课程空间的搭建,形成运作机制,根据试点校的反馈,调整和优化平台、环境建设。
	任务二:将第一、二批教师培训课程、区级共享优质课程资源上传至学习空间,组织师生开展学习。
	任务三:继续对教师、学生进行信息化素养专题培训。
	任务四:协同"课程"组,组织关于技术融合下的深度学习的展示、研讨活动。
	任务五:完成项目中期评估,调整后续研究方案。

三、第三年(2022 年 7 月—2023 年 6 月)

目标:完成《学校课程实施方案编制指南》、重点领域和跨学科课程规格、区域选修课程框架,建成指向五育并举的区域新课程体系;提炼素养导向的单元教学设计规格和支持性工具,形成创智课堂新样态;完成区域学科质量测试框架,建立基于学业质量标准的新评价体系;完成区域研修课程框架、校本教研支持方案、智慧教师工作坊运作机制,形成有效提升教师专业胜任力的研训机制;建成区域教研空间、创智教学环境、区域课程空间,基本建立体现融合创新的学习新空间;全面总结项目研究成果,组织项目展示,推广共享成果。

表6-3　各项目组工作职责及任务

项目组	工作任务
总项目组	任务一:组织各子项目结项评估,完成结项报告。
	任务二:定期召开项目组例会,及时总结和推进各项工作。
	任务三:组织项目展示活动,推广共享成果。
课程组	任务一:完成重点领域课程开发规格研制,培育第三批区级共享优质课程资源。
	任务二:深入指导学校课程方案研制与实施,完善《学校课程实施方案编制指南》,对学校教学管理人员、教师进行课程计划编制和实施专题培训。
	任务三:组织重点领域课程、跨学科课程展示、研讨活动。
	任务四:完成区域选修课程框架,进一步提炼总结选修课程设计与实施中的经验,形成特色经验。
	任务五:完成子项目结项评估,形成子项目结项报告。
教学组	任务一:通过智慧教师工作坊,提炼素养导向下的单元教学规格,运用支持性工具指导学校改进教学。
	任务二:收集整理技术与教学融合的优秀教学案例,总结线上线下融合式教学的流程和实施策略,对教师进行专题培训。
	任务三:提炼总结指向学生创新素养的实验教学的经验和规格,形成研究成果。
	任务四:将第二批素养导向的单元教学资源上传至平台,组织全区教师利用平台开展单元教学主题教研。
	任务五:组织创智课堂项目展示、研讨活动。
	任务六:进一步提炼智慧教师工作坊运作中的经验,提炼"双新"背景下智慧教师适应性专长的发展模式。
	任务七:完成子项目结项评估,形成子项目结项报告。
评价组	任务一:形成"双新"背景下指向核心素养培育的一系列学业质量评价样例。
	任务二:监测区域教学质量,分析问题,提出改进措施。
	任务三:完成项目结项评估,形成子项目结项报告。
研训组	任务一:形成"双新"研修课程框架,提炼区域经验。
	任务二:运用研修一体课程建设成果,对其他教师进行专题培训。
	任务三:收集智慧教师工作坊优秀案例,形成问题导向的教研工作机制。
	任务四:全面推广和实施校本研修支持方案。
	任务五:完成项目结项评估,形成子项目结项报告。

项目组	工作任务
学习空间组	任务一:完成区域教研空间、创智教学环境、区域课程空间的搭建,全面推广应用。
	任务二:将优质教师培训课程、区级共享课程资源上传至学习空间,组织师生开展学习。
	任务三:协同教学组,举办信息技术融合的展示、研讨活动,推广技术支持下深度学习的路径与方法。
	任务四:提炼教研空间、教学空间、课程空间建设中的成功经验,形成研究成果。
	任务五:完成项目结项评估,形成子项目结项报告。

第四节　工作保障

一、组织领导

学院成立总项目组,由院长担任组长,分管院长担任副组长,各相关部门负责人为组员,统筹规划和领导项目实施,聘请市、高校专家参与项目指导。总项目组下设五大子项目组,分别负责指向五育并举的区域课程体系建设、素养导向的创智课堂实践研究、基于标准的学业质量评价研究、提升教师专业胜任力的研训机制研究、凸显技术融合创新的学习空间建设,每个子项目组确定3—4所项目校,围绕重点研究项目展开项目研究。项目组织架构如图6－2所示。

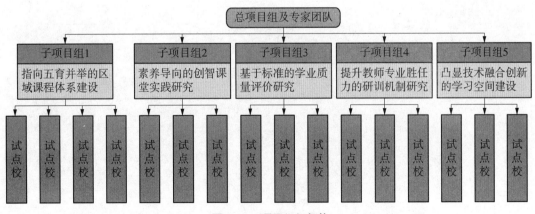

图6－2　项目组织架构

二、制度建设

学院通过建立项目立项申请、中期评估和结项报告制度,规范项目研究的流程。建立课程指导制度、选修课程共享制度、校本教研支持制度等,探索区域高中新课程新教材实施中的区域创新机制,提高项目实施的实效。

三、队伍建设

学院充分依托项目研究的优质资源,通过对重难点问题与关键问题的项目研究,提升教研员与骨干教师的教学能力、研究能力和课程设计能力。通过培育特色经验、培养特色教师和开发特色课程,助力项目校教师素养的提升。

四、条件保障

教育局每年为学院项目组提供一定的经费支持,支持项目组开展教研、科研、教学实践、交流活动和设备添置等,积极搭建交流平台,定期组织论坛,汇编优秀案例等成果,不断扩大研究成果的辐射面。

第七章 杨浦区高中"双新"专业支持子项目方案

第一节 指向五育并举的区域课程体系建设

一、课程建设相关概念内涵

(一) 学校课程规划

学校课程规划是学校在对国家课程和地方课程认识、理解和调适的基础上,结合学校自身实际,对学校的课程进行全面规划与整体安排,以提升教育质量的学校课程行动。根据教育部《关于做好普通高中新课程新教材实施工作的指导意见》的精神,学校亟需依据新课标调整原有的课程体系,推进新教材的使用。因此,"双新"背景下的高中学校课程规划是以国家新课程标准、新教材为基准,对学校的课程进行全面规划与整体安排,确保开足开齐开好国家规定课程的同时,开发改进校本课程,构建优质并具特色的学校课程生态体系。

(二) "双新"背景下的关键领域课程

"双新"背景下的关键领域课程主要包含三个方面:劳动教育课程、跨学科课程以及综合实践活动。下述内容对三个方面以及区域选修课程分别进行界定。

1. 劳动教育课程:劳动教育是国民教育体系的重要内容,是学生成长的必要途径,具有树德、增智、强体、育美的综合育人价值。实施劳动教育的重点是在系统的文化知识学习之外,有目的、有计划地组织学生参加日常生活劳动、生产劳动和服务性劳动。劳动教育是创造幸福人生的"第一教育",《中共中央国务院关于全面加强新时代大中小学劳动教育的意见》明确指出,要把劳动教育纳入人才培养全过程,贯通大中小学各学段,贯穿家庭、学校、社会各方面,与德育、智育、体育、美育相融合,积极探索具有中国特色的劳动教育模式,强调学校劳动教育要实现课程化。同时新修订的《普通高中课程方案(2017 年版 2020 年修订)》明确要求独立设置劳动课,规定劳动是必修课程,共 6 学分,其中志愿服务为 2 分,学生在课外时间进行,3 年内不少于 40 小时。

2. 跨学科课程:跨学科指的是超越学科界限,基于一个综合性的跨学科主题学习进行设计,同时跨学科的主题学习往往需要从现实情境中提炼出更多跨学科课程的研究视角,进而整合生成全新的课程。跨学科课程是指向跨学科素养的课程整合的实践,是帮助跨学科素养从政策文件落实到课程与教学上的重要中介。

3. 综合实践活动:2017 年 9 月,教育部重新修订有关综合实践活动课程的规定,印发《中小学综合实践活动课程指导纲要》,其中明确了"综合实践活动是国家义务教育和普通高中课程方案规定的必修课程",是从学生的真实生活和发展需要出发,从生活情境中发现问题,转化为活动主题,通过探究、服务、制作、体验等方式,培养学生综合素质的跨学科实践性课程。

4. 区域选修课程建设:选修课程是相对必修课程而言的,其出现晚于必修课程,主要目的在于满足学习者的个性化需求,能够使学习者在一定程度上自由选择修习课程。区域选修课程是承担区域教研机构组织教师培训进修的重要载体,其定位于课堂教学主阵地,主要面向中小学一线教师,旨在解决教师教学实践中的问题,同时它也是促进区域内优秀经验推广辐射的关键抓手。本次项目研究将扩大区域选修课程的内涵,不再限于面向一线教师的开设的课程与提供的相关学习资源,而是追求最大化发挥指导服务、经验推广的功能,将区域内学校层面的实践研究纳入其中,增加面向学校的选修课程序列。

二、推进高中学校课程建设的意义

回应并落实新课程新教材实施的区域统筹推进,以《上海市杨浦区普通高中新课程新教材实施国家级示范区建设工作三年规划(2020—2023 年)》为指引,结合新时代教育发展时代要求与改革导向,以"双新"背景下的高中学校课程规划再编制为主线,以关键领域课程开发与实施研究以及区域选修课程机制建设为抓手,展现"双新"背景下区域学校课程建设的杨浦理解。

三、主要任务

(一)"双新"背景下学校课程建设的杨浦理解

通过调研了解杨浦区学校课程建设的现状,以问题为起点,结合国家"双新"文件,形成具有杨浦特色的课程理解。

具体研究内容如下:开展学校课程建设现状调查研究,明确待突破与解决的关键问题,确定研究突破点;基于现实问题进一步解读国家政策文件,结合杨浦区三大区域强化素养(学会学习、责任担当、实践创新)导向下的区域实践,形成具有杨浦特色的课程理解。

(二)"双新"背景下高中学校课程规划研究

1."双新"背景下的学校课程规划编制研究

开展基于"双新"的课程目标、课程结构、课程实施、课程评价等研究,形成基于"双新"的学校课程规划。

具体研究内容如下:研究"双新"背景下课程育人目标发生了哪些改变,如何将育人目标转化为课程目标,明确课程目标确立的关键技术;推进课程内容结构的研究,探索如何统筹各门类课程,建立具有学校特色的课程结构,推进融合育人;加大课程实施研究,研究如何有效推进必修、选择性必修、选修新三类课程的实施,探索课程实施有效路径;不断完善课程评价体系,优化评价方式,建立更加全过程、全方位的课程评价体系;加大课程保障机制研究,保障学校课程体系的顺利运行以及自我优化。

2."双新"背景下的关键领域课程实施研究

劳动教育、综合实践活动、跨学科课程等"双新"背景下的关键领域课程的开发与实施研究。

具体研究内容如下:与项目校上理工附中合作开展基于工程素养培育的高中劳动课程实施研究,开发劳动课程,整体构建校本化劳动课程体系,打通校内外联系,建立相配套的劳动实践基地,落实"以劳树德,以劳增智,以劳强体,以劳育美,以劳创新"的整体教育;与项目校上理工附中合作开展基于工程素养培育的跨学科研究型课程实践研究,探究并研制跨学科研究型课程整体设计框架,开展若干基于工程素养培育的跨学科研究型课程项目,推进并总结跨学科研究型课程的实施路径;与项目校市东实验学校、同济中学合作探究选修课程内涵与实施,开展学校生态中的综合实践活动的设计与实施研究。

3."双新"背景下学校课程组织保障制度研究

探索与新课程新教材配套的学校课程管理制度,为新三类课程以及关键领域课程的实施提供有效组织与制度保障,具体在选课管理、走班教学制、学分制多个方面进行探索。

具体研究内容如下:与项目校同济一附中合作开展研究,研究修订学分认定和管理细则,探索学科赋分、免修免考等的具体细节规定与管理;运用信息化支持系统,辅助学生选课;细化走班教学与管理程序,规范走班课的教育教学秩序,提高走班课的效益和质量。在选课管理与指导、走班教学与管理、学分认定与管理三个重要的学校课程组织管理保障制度上,形成学校实践案例。

(三)区域选修课程建设研究

区域选修课程建设主要是将原有面向教师的研训课程序列扩大化,自下而上收集并遴选学校研究实践案例,自上而下进行管理与推广,力求将学校层面的研究实践课程化,促进区域内学校层面经验的交流与学习。

具体研究内容如下:收集并整理项目校的学校课程规划的编制经验与案例,通过遴选获得优秀研究案例,形成学校层面在学校课程规划,关键领域课程设计与实施以及学校课程组织管理制度上的经验共享课程,为区域内各学校发现并解决"双新"背景下学校课程规划研究中的关键问题提供可借鉴经验。

四、实施路径

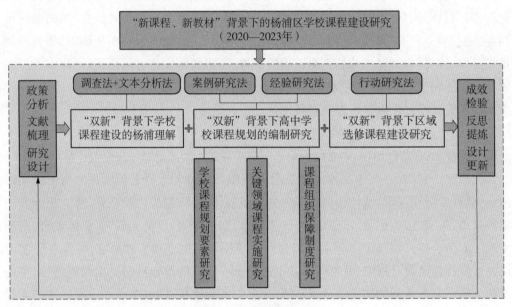

图 7-1　技术路线图

本项目综合运用调查研究法、文本分析法、案例研究法、经验研究法和行动研究法,通过国内外相关文献梳理和政策分析,明晰"双新"背景下的学校课程规划、五育并举的内涵与特征,从课程目标、内容、实施、评价、管理与保障等关键要素出发开展"双新"背景下高中学校课程规划再编制研究,以新旧三类课程的转化对应、关键课程的实施、学校课程组织管理研究等关键问题为切入口,开发相应的表现样例,提炼背后的技术与规格。在研究的过程中边实践边反思,提炼经验、梳理问题,不断调整优化原有设计与实践。

五、实施策略与案例

(一) 规划设计阶段(2020.9—2021.1)

设计项目研究方案,组建项目研究团队,建立项目管理制度,以保障项目的扎实有序的推进。

（二）研究推进阶段（2021.2—2022.1）

完成国内外相关文献研究，厘清五育并举、"双新"背景下高中学校课程规划的内涵与外延，围绕课程目标、内容、实施、评价、管理与保障等关键要素开展实践研究，开发表现样例，编制课程规划编制指南。

在必选项目"'双新'背景下高中学校课程规划编制"的研究基础上，各校以自选项目为切入点，在劳动教育、综合实践活动、跨学科课程等"双新"背景下的关键领域课程的实施方面同步开展实践研究，及时梳理总结核心经验。

（三）反思提炼阶段（2022.2—2022.8）

持续推进项目实践研究，定期组织研究成果的展示交流和研讨活动。

组织中期小结与评估论证，分析项目组研究与成果提炼的合理性，提出完善成果与优化研究的建议。

（四）深化研究阶段（2022.9—2023.1）

系统分析学校提供的课程规划表现样例，提炼并总结"双新"背景下课程规划编制的关键技术、基本规格。

同时结合中期评估的结果，进一步调整完善项目研究方案与后续推进思路，开展第二轮实践探索，尤其关注项目研究的成效分析。

（五）推广辐射阶段（2023.2—2023.6）

梳理提炼项目组的实践经验和已有成果，使得各项成果系列化，形成项目研究报告、指南文本和表现样例等，提炼项目校的研究实践经验，力求实现经验与实践案例的课程化，与项目校通力合作形成区域学校课程建设共享课程，完成项目结项论证。

第二节　素养导向的创智课堂实践研究

一、素养导向的创智课堂相关概念和内涵

（一）创智课堂

"创智课堂"是指在正式学习环境、非正式学习环境以及网络所建构的虚拟学习环境中，

以学习者的学习创新为核心,教师的教学创新为依托,突破传统的教学结构及形态,促进师生智慧生成的课堂变革行动。其关键特征可概括为"儿童立场、探究取向、创新旨趣"。秉持"学习即创造、教学即研究"两大基本理念,基于"学习环境创新、教学创新、学习创新"三大核心要素及其下位的十大指标维度,细化生成具体的 35 个描述性指标。

(二) 素养导向的创智课堂

素养导向的创智课堂是指以学科核心素养为指向,聚焦"责任担当、学会学习、实践创新"三大区域强化素养的培育,以单元学习设计与实施、信息技术与教学实践的深度融合、创新性实验教学等为抓手推进区域课堂转型,促进师生智慧生成的课堂变革行动。

二、素养导向的创智课堂实践研究意义

(一) 回应并落实普通高中新课程新教材实施的政策要求

为深入领会和刚性落实国务院办公厅《关于新时代推进普通高中育人方式改革的指导意见》、教育部《关于做好普通高中新课程新教材实施工作的指导意见》(教基〔2018〕15 号)和《关于普通高中新课程新教材实施国家级示范区示范校推进工作实施方案(讨论稿)》文件精神,根据《上海市杨浦区普通高中新课程新教材实施国家级示范区建设工作三年规划(2020—2023 年)(讨论稿)》的部署,杨浦区在课堂教学方面尝试以单元学习设计与实施、线上线下混合式教学、创新性实验教学等为主要抓手,进一步探索素养导向的创智课堂新路径、新策略与新方法,更好地推进育人方式的转型,培育学生的核心素养,实现学生的综合性、全面性发展。

(二) 实现学生发展核心素养和学科核心素养培育的必然选择

已有研究表明:深化课程与教学改革才能带动核心素养的实践转化。学生核心素养的培育离不开课堂,课堂是学生素养培育的主渠道和主阵地,教师是学生素养培育的实践者。在当前以素养培育为引领的新一轮变革中,创智课堂前一轮建设中所采用的理论框架、学科实践指南和表现样例等行之有效的政策工具需要以学生发展核心素养、区域三大强化素养、学科核心素养等为指引,重新进行修订和完善,以满足新时代对学生素养提出的崭新要求。与此同时,探索以"智慧教师工作坊"运作为特征的区域创智课堂推进机制,为教师的课堂教学变革提供支架和引领,为教师提供发展适应性专长的机会,从而增强教师的变革能力,保障学科核心素养培育的落地。

(三) 突破前几轮创智课堂建设瓶颈的因应之策

自 2012 年起,杨浦便开始了创智课堂的研究与实践,创智课堂已然成为杨浦课堂教学的

一张崭新的名片，拥有较为坚实的项目研究基础。但是，在新课程新教材实施的大背景下，如何回应国家、区域对于学生素养培育的价值追求，弥合理论框架与学校实践的可能分野，探索素养导向的创智课堂新路径，找到研究的载体和着力点，让课堂变革在学校真正发生，让素养培育的目标得以最终实现，仍是我们需要持续思考和研究的问题。更具体地说，如何超越传统课时主义的藩篱，开展以学习者为中心的单元学习设计与实施，从知识点的课时设计到主题单元设计、从教案设计到单元学习方案设计、从教学设计到教学评一致性设计，成为当前"双新"背景下我国普通高中面临的共同挑战。前一轮创智课堂是从传统的线下教学展开的实践探索，而在当前信息技术与课堂教学深入融合的新常态下，关于线上线下的混合式教学模式，还有待进一步探索与实践。另外，前一轮创智课堂关注创新实验室、学习空间、与实验室相匹配的课程开发，但是在实验教学上，特别是指向创新素养培育的实验教学仍需要进一步探索。

基于此，在"双新"国家级示范区建设背景下，创智课堂项目组主动呼应信息时代和"双新"变革的导向，在整理前期建设成果的基础上，以素养培育为核心，以信息技术融入为重点，参考《普通高中新课程新教材实施重难点问题专项研究指南》，探索从"知识为本"到"育人为本"、从"知识核心时代"走向"核心素养时代"的课堂改革之路，从而建构作为"双新"国家级示范区应有的课堂整体新样态。

三、主要任务

（一）素养导向的创智课堂理论框架再研究

在"双新"背景下，按照素养培育的要求，以学生核心素养、区域三大强化核心素养、学科核心素养等为指引，进一步修订并完善原有的创智课堂理论框架和学科实践指南，形成新的素养取向的教学改革指导文件，并推送全区教师予以学习、领会和践行，引领全区教师开展创智课堂的具体实践。

（二）单元学习设计与实施研究

以智慧教师工作坊为支撑，教研员吸纳学科骨干教师，组建形成核心团队，在高校研究人员的专业引领下，尝试设计单元学习设计方案并进行基于方案实施的迭代改进，重点关注单元学习目标与学科核心素养的对接、单元学习任务与学科/跨学科知识和观念之间的转化与嵌套、单元学习任务的进阶性逻辑、教学评的一致性设计、素养表现性评价的量规设计等课题，进而开发形成包含"学习目标、学习情境、学习任务、学习过程、学习成果、学习评价"六个维度的单元学习设计基本规格，形成学科单元学习设计与实施的实践指南与一系列支持工具，为教师的课堂教学变革提供变革支架和专业引领。

（三）信息技术与教学实践的深度融合研究

利用互联网、人工智能等新技术的研究成果，主动开展信息技术融合式教学研究，探索如何在教学中运用技术支持多维度情境构建、师生深度探究和问题解决的进阶测评，开展样本学生学习轨迹采集和数据分析研究，通过知识图谱的构建以及大数据分析平台、数字教学环境、线上学习资源的建设，开发"双新"背景下指向单元学习的课程资源及其使用平台，引导教师开展多样化的线上线下融合教学，提高学习指导的精准度，促进有效互动，多元评价，激发学生学习兴趣，引导学生自主学习、个性化发展，实现因材施教。

（四）指向学生创新素养的实验教学研究

充分利用区域资源，发挥和完善现有的机制和项目平台的作用，形成比较成熟的，能有效实施高中实验教学、实践类学习的多样化路径，提炼指向学生创新素养培育的高中实验教学的核心经验，促进课堂教学方式与学生学习方式的转型，提升教师的教学能力和学生的创新素养。

（五）以智慧教师工作坊为内核的区域运行机制研究

梳理以往创智课堂智慧教师工作坊的运转情况，总结主要的工作内容与开展路径，分析智慧教师工作坊对基层课堂教学的影响方式、影响效果与存在的问题，并从"双新"国家级示范区教学改革的要求出发，为智慧教师工作坊的运行提供更多专业支持。提炼以智慧教师工作坊的运作为特征的区域创智课堂推进机制，以形成具有示范作用、借鉴意义和推广价值的经验和成果，并对智慧教师工作坊的初步成果加以宣传和推广，形成规模效应，致力于实现区域创智课堂的星火燎原之势。

（六）素养导向的创智课堂实践成效检验研究

对素养导向的创智课堂实践成效的分析始终贯穿整个研究过程。一方面，基于研究推进的历程，有计划、分阶段地对项目的阶段性成效及时地总结与分析，聚焦推进过程中的经验和有待改进的地方，为下一阶段的项目研究奠定扎实的基础；另一方面，在项目结项时，则需要对本项目的三年研究过程做全盘梳理与细致总结，主要从学生的学习结果、教师的生存状态和专业投入、学校的课堂文化形塑三个维度出发全面收集并总结素养导向的创智课堂实践研究的实践结果，反思过去的项目整体实施情况，分主题、有层次地总结并提炼研究成效。

四、实施路径

本研究坚持问题导向，以系统设计、重点突破、持续深化为基本思路，综合运用文献研究

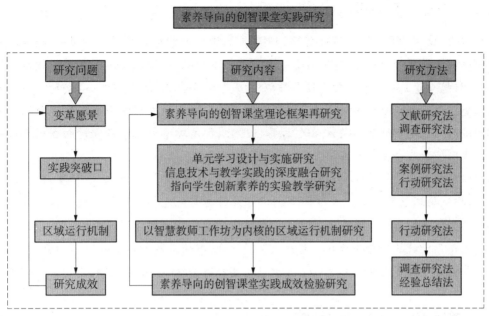

图 7-2　创智课堂实践研究路线图

法、调查研究法、案例研究法、行动研究法、经验总结法等,在素养导向的创智课堂理论框架再研究的基础上,以单元学习设计与实施、信息技术与教学实践的深度融合、创新性实验教学等为抓手推进区域课堂与教学的转型。同时在区域层面统筹规划,进一步探索提炼以智慧教师工作坊运作为特征的区域创智课堂推进机制,努力实现区域创智课堂的星火燎原之势。同时,根据项目推进的阶段历程和项目中期、结项的关键节点,开展素养导向的创智课堂实践研究成效检验,实现边实践,边检验,边改进,边推广。

五、实践策略与案例

基于单元教学设计的创智课堂实践研究(案例)

在普通高中新课程新教材实施背景下,学生素养培育成为学校和教师共同的价值追求,这需要教师超越课时主义和以知识点为中心的教学,走向以学科核心素养为指向,以规划学生学习历程为核心的单元学习设计。作为中观层面的设计,单元学习设计因其系统性、整体性的特点,成为课程标准与课堂落实之间的重要纽带。素养导向的创智课堂实践研究项目组作为我区"双新"项目的五大子项目之一,持续关注教与学方式的变革,融合已有经验,聚焦单元学习设计与实施,开发表现样例,提炼操作规格,形成普适经验。

一、调查研究,确定需解决的主要问题

对区域全体高一教师(即新教材使用年级的教师)开展的问卷调查结果显示:94.73%的

学校以教研组为单位开展过新教材教学内容的研究,91.66％的教师认为新教材与二期课改的教材内容差别大;73.68％的学校根据新教材内容开发了相应的校本教学材料,但只有36.84％的学校在单元学习设计上进行了尝试。在进一步开展的教师座谈中发现,区域内大部分教师对于课程标准的学习还停留在较关注具体知识内容的分析,而对课程性质与基本理念、学科核心素养与课程目标等内容的理解相对不够深刻。在教材内容的解读上,一线教师将注意力集中在新教材中的新内容,而对教材单元划分和知识结构之间的内在联系的关注相对较少。也有部分教师关注单元的总体设计,但是对于单元学习设计的理念如何细化到课时中落实存在一些困惑。

针对一线教学中存在的现实问题,在融合创智课堂整体学习设计理念的基础上,我们在思考:如何从区域层面整体推进学科单元学习设计与实施?如何为教师提供单元学习设计规格作为引领性的中介支撑?如何升级创智课堂理念形成单元学习设计课堂新样态?进而使得单元学习设计的理念能够真正为一线教师认同、内化并践行,也能够让"双新"背景下所迫切需要的以学习者为中心的单元学习设计与实施成为我区普通高中教师的公共话语与共同行动。

二、规划设计,确定问题解决策略

针对区域推进单元学习设计的需求与困难,杨浦区围绕素养导向,针对一线需求制定了单元学习设计与实施的研究推进思路。

图7-3　单元学习设计与实施的研究推进思路

1. 调研分析,把脉需求

研究之初,项目组亟需了解一线教师在开展单元学习设计和实施中遇到的问题和困难,同时还要梳理区域已有的优秀经验,为区域推进单元学习设计提供基础。杨浦区对教师开展了相关调查和数据分析,同时对原有的创智课堂优秀经验进行梳理,融合到"双新"推进中,开展对新课程标准和新教材的深度研读,对本学科的课程性质与基本理念、学科核心素养与课程目标、课程结构、课程内容、学业质量和实施建议等内容进行深度解析。在调研和融合的基础上,形成了区域推进单元学习设计的调查研究和数据分析报告,并形成了各学科的实践指南。

2. 顶层设计,系统谋划

在充分的前期准备基础上,如何形成顶层架构,为基层学校提供单元学习设计和实施的指导意见和区域保障,成为杨浦区深度推进单元学习设计和实施的重点。区域依托智慧教师工作坊这一载体,形成"区教研员—校学科骨干—校学科教师"的三级变革主体,从而构建区域研究合作共同体,并确定区域内各学科"双新"推进实验示范校,为单元学习设计与实施的区域推进提供保障。在此基础上,杨浦区制定单元学习设计与实施的区域推进方案,形成"实践指南—教学示范—表现样例"的区域推进路径。

3. 点上突破,开发样例

基于顶层架构,开发相关表现样例,为区域各学校深入推进"单元学习设计"提供借鉴和参考。结合教师和学生的需求,在关注"五化",即学习问题化、问题情境化、认知结构化、支架信息化和评价一体化的基础上,开发单元学习设计样例,并将样例开发聚焦到一线教学中的集中问题,如跨单元整体设计、单元学习设计理念在课堂中的落实等内容上。形成"单元学习设计＋课时细化落实"的规格,积累了大量优秀表现样例。

4. 由点及面,整体推进

区域充分发挥骨干教师的积极作用,借助特级教师名师工作室和区学科高地等平台,在各个学校的大力支持下,组织区域内一批优秀教师研究单元学习设计和课时设计模板,并直面"新教材新内容""老内容新要求""同单元异课时""情境主题探究""信息技术辅助教学"等一线教学推进难点,在单元学习设计的基础上开展课堂落实的公开教学研讨。同时,以"深度学习——单元教学""单元学习活动设计"等国家级、市级项目的参与为契机,鼓励教师对已有单元学习设计成果进一步反思和改进。区域内部分学科开发了覆盖新教材所有单元的创新单元学习设计以及相应的课时设计,形成课堂新样态。下一阶段还将融合创智课堂在"教学评一致性"上的成果,开展以单元学习设计的学习评价、作业设计为重点的研究。

三、实践研究,形成典型经验

1. 借鉴创智课堂的变革实践路径,推进单元学习设计与实施

在创智课堂项目推进中,杨浦区通过专家讲座和工作坊培训等方式使创智课堂成为区域课堂转型与教学变革的公共话语。以开发表现样例、研制学科实践指南、建设资源包等变革工具为"中介"支撑,使优秀教师的经验提炼转化为其他教师可借鉴的实践规范。基于此,初步形成"区教研员—校学科骨干—校学科教师"三级变革主体主导,"实践指南—教学示范—表现样例"三位一体、点面结合的基层课堂变革实践路径。区教研员借助学科创智课堂实践指南的编制为学校教师实践创智课堂提供理论框架的学科细化、策略参考等支架,实现中观层面的框架转化;校学科骨干在此基础上进行校本化的教学决策,确定本校课堂变革的具体方案;校学科教师依据学科实践指南和学校课堂变革具体方案,基于执教年级特征和学生学情尝试开发创智课堂的表现样例,将课堂变革落地实践,反馈实践成效及存在的问题。

在推进高中各学科单元学习设计与实施时,杨浦区也充分借鉴了创智课堂这一颇具成效的变革实践路径,依托"区教研员—校学科骨干—校学科教师"三级变革主体的力量,开展课程标准的深度研读,并通过"实践指南—教学示范—表现样例"三位一体的变革路径予以系统推进。在创智课堂原有经验基础上,进一步发挥区级各类骨干的作用,在教学示范等环节进行实践探索和经验辐射,并充分发挥实验示范校的积极作用,开展校际交流,形成区域

研究共同体。

2. 依托智慧教师工作坊,研制素养指向的单元学习设计规格

杨浦区以智慧教师工作坊为支撑,教研员吸纳学科骨干教师,组建形成核心团队,在高校研究人员的专业引领下,尝试设计单元学习设计方案并进行基于方案实施的迭代改进,充分发展教师在素养时代的适应性专长,激发教师参与课堂变革的内生动力。截至目前,我们从"学习目标、学习情境、学习任务、学习过程、学习成果、学习评价"六大维度出发,研制素养指向的创智课堂单元学习设计指南,并形成相应规格,以其作为变革"中介",强化创智课堂理念的实践落地,促进学生素养的转化与生成,探索形成创智课堂的新样态(见表7-1)。

表7-1 素养指向的单元学习设计规格

维度	描 述
学习目标	1. 素养导向:分析学习内容蕴含的素养,明确素养要求; 2. 学科大观念:以学科大观念为核心统整学科内容,体现出学科结构; 3. 适应性:以表现性、生成性的形式描述目标,适应不同能力学生的学习水平。
学习情境	1. 生活性:学习情境要与学生经验相联系,指向学生社会生活或未来职业生活; 2. 指向性:创设与学习内容相适应的情境,包含生活情境、科学情境、社会情境、职业情境等; 3. 开放性:学习情境中包含着待解决的开放性问题。
学习任务	1. 高阶性:调动学生的高阶思维能力,驱动低阶技能的学习与理解; 2. 真实性:学习任务中学生的心理机制与日常面对问题的思维机制是一致的; 3. 生产性:以真实性的作品作为学习任务的产出; 4. 共享性:学习任务的解决需要生生、师生之间的合作、探究,协调学生、教师、教材之间的对话、共享。
学习过程	1. 协作性:学生组成异质小组,师生、生生之间协作分工,共同解决问题; 2. 主动性:通过学生对学习材料的探究和体验内化学习内容。
学习成果	1. 物化性:不应仅停留在头脑中,而要以报告、实物、图表等物化形式展示学生的学习成果; 2. 开放性:允许学生从不同的角度形成自己的成果; 3. 解释性:学生自我解释成果,展示其思维、想法。
学习评价	1. 多元化:表现性评价与结果性评价相结合,凸显学生的成长; 2. 多主体:教师、同伴、家长等多个主体参与评价,更加全面、客观地评价学生的学习; 3. 反思性:学生对自己的学习过程、成果进行反思。

3. 借助教育科研项目,突破单元学习设计与实施的关键技术

在开发的新教材单元学习创新设计资源的基础上,杨浦区将创智课堂项目的优秀经验和深度学习项目的理论框架进行有机融合,并以市级委托项目"单元学习活动设计"为契机,组织区域内教师从学科思想方法、学科核心素养、学科育人等视角出发,进一步深度分析、重构和组织教材内容,设计有主题的单元深度学习活动,以促进学生对知识的理解与运用,以及实践、探究、创新能力的发展。

项目团队在融合多个教育科研项目经验的基础上,结合不同学科的学科属性与具体特

征,进行学科化的解读和探索,并形成如表7-2所示框架。

表7-2 单元学习设计与实施的关键技术

内容	包含	具 体 描 述
单元学习目标	课标解读	内容要求、教学提示、学业要求等
	内容分析	学科价值、教育价值、知识结构、教材对比、重点分析等
	学情分析	学习背景、学习障碍、学习心理等
	主题凝练	重点提升的学科核心素养,蕴含的育人价值
	形成目标	通过……(过程方法),掌握……(知识技能),提升……(素养指向),达成……(育人价值) 备注:动词可根据学习内容调整
单元活动设计	单元整体	活动主题:基于单元学习目标进行设计 活动目标:与单元学习目标保持一致 活动内容:内容要点、教材内容重构 活动意义:指向学科核心素养,体现学科育人价值 活动类型:知识建构、问题探究、专题实践等 活动方案:依据活动类型进行设计
	课时细化	内容分析:单元位置、地位作用、知识基础、后续作用 目标设置:与单元目标一致、体现层次性 重点难点:单元学习重点细化、学生学习难点 学情分析:知识基础、学习习惯等 过程设计:根据本课时在单元学习活动中的作用设计 作业反馈:基础练习、能力拓展、实践任务等
单元学习评价	过程性评价	活动表现、自主学习、合作学习、其他表现
	阶段性评价	单元作业、单元测验等
学习资源		相关知识、实践案例、软件支持、硬件设施等

四、推广辐射,取得良好社会反响

1. 课堂教学有"双新"特色,国家级调研中为区域增光

2021年4月举行的国家级"双新"调研中,杨浦区各学科表现出色,课堂教学"双新"特色鲜明。以数学学科为例,调研中随机听取的三节随堂课,分别从"单元视角下立体几何中角的计算""信息技术辅助三角函数图像和性质的研究"和"数学建模视角下运用解三角形知识研究校园建筑物"视角开展学习活动设计,渗透了数学抽象、逻辑推理、直观想象、数学建模、数学运算等学科核心素养。其中"单元视角下立体几何中角的计算"这节课以其数学情境创设新颖、问题设计层层递进、学生思维水平高等特点,被调研组评价为"难得的好课"。

2. 区域教研提升教师能力,受到一线教师好评

以"单元学习设计+课时细化落实"为切入口,分别通过主题论坛研讨和公开教学展示的方式予以研究,并基于此创了杨浦区高中各学科的主题教研模式,并运用技术开展线上线下融合教研,拓展交流平台,提高区域教师的参与度。自2020年9月以来,高中数学学科

开展市区级公开教学展示共16节,主题论坛发言共12次。高中思政学科共举办市级大型教学展示活动6次,录制上海市"空中课堂"271节,高效地将杨浦经验向全市传播。区域教师在教研活动中均采用线上签到、评课、交流提问的方式,教师参与度和好评率都达到90%以上。

3. 科研项目契合"双新"需求,教师主动参与度高

相关科研项目指向"双新"推进中一线教学的实际需求,在进行专家指导和实践研究的过程中也鼓励区域内教师积极参与。参与了国家级课题"深度学习——单元教学"的研究,承担了市级委托项目"单元学习活动设计"等项目,学科教师积极申报并成功立项多项在"双新"实施背景下的区级课题。全区高中教师对于"双新"的主动研究意识逐渐增强,区域内学校的研究氛围浓厚。

4. 物化成果质量高,出版物受广大教师欢迎

杨浦区将公开课教学设计、论坛发言稿、育德精品课例、专家报告、单元作业集等区域教育教学资源汇编成册、结集出版,并在此基础上开发教师研修的特色课程,将经验成果与区域内每一位教师进行共享,并鼓励教师将成果转化到日常教学中。截至目前,已经形成《杨浦区单元学习设计优秀表现样例集》和若干本公开出版物,受到广大师生的一致好评。

5. 辐射杨浦"双新"经验,为教育事业添砖加瓦

杨浦区定期组织开展全国、市、区级不同层面的"双新"研讨活动,及时梳理总结、辐射推广"双新"实施的经验成果,为国家"双新"推进工作作出贡献。区教育学院组织数学、语文、思政等学科优秀教研员、学校教师代表,前往云南、新疆、西藏等地指导"双新"实施工作,他们不仅将上海经验、杨浦经验送到西部地区,还积极主动地为当地教师定制个性化的教学改进方案,取得了良好的社会反响。以高中数学学科为例,在国家级学术团体年会上做主题报告1场;进行外省市公开教学展示3节,讲座发言2场,并与新疆喀什地区教师结对进行长期带教指导;进行上海市级公开教学展示1节,交流报告5场,"空中课堂"录制17节。

第三节　基于标准的学业质量评价研究

一、学业质量评价研究的概念和内涵

(一) 学业质量

学业质量是学生在完成本学科课程学习后的学业成就表现。

（二）学业质量标准

学业质量标准是以本学科核心素养及其表现水平为主要维度,结合课程内容,对学生学业成就表现的总体刻画。依据不同水平学业成就表现的关键特征,学业质量标准明确将学业质量划分为不同水平,并描述了不同水平学习结果的具体表现。

（三）基于标准的学业质量评价

基于标准的学业质量评价是指以各学科学业质量标准为依据,教师运用恰当、有效的工具和途径,系统地收集学生在课程学习后的学习结果和学习品质的变化信息和实证数据,并对学生学业成就表现进行价值判断的过程。

二、开展基于标准的学业质量研究的意义

（一）回应并落实普通高中新课程新教材实施的政策要求

随着国务院《关于新时代推进普通高中育人方式改革的指导意见》、教育部《关于做好普通高中新课程新教材实施工作的指导意见》(教基〔2018〕15号)等系列政策文件的相继出台,当前我国普通高中课程改革已迈入新课程新教材的"双新"时代。《普通高中课程方案(2017年版2020年修订)》提出,在中国学生核心发展素养的价值指引下,进一步凝练了学科核心素养,研制了学业质量标准,为学业水平合格性考试和等级性考试命题提供了重要依据。各学科明确学生完成本学科学习任务后,学科核心素养应该达到的水平,各水平的关键表现构成学业质量评价标准。大部分学科课程标准中都新增了教学与评价案例,同时依据学业质量标准细化评价目标。在此背景下,杨浦区需要积极领会、刚性落实上述文件要求,开展学科核心素养的细化研究,并在此基础上建立区域高中学业质量标准测试框架研究,开展基于学业质量标准的命题研究,深化考试与评价改革,最终实现学生的综合性、全面性发展。

（二）实现学生素养培育、提升教师命题能力的应然之举

基于核心素养的基础教育课程改革是新时期素质教育的深化和发展,是对我国基础教育改革成果和经验的继承和创新。创建核心素养导向的学业质量标准,明确当前和未来一定时期内我国基础教育阶段学生需要具备的核心素养的内涵、构成、内在关系及发展水平,是将建设教育强国战略目标、落实立德树人根本任务转化成具体和系统的基础教育阶段育人要求的根本途径。在当前以素养培育为引领、以学科学业质量标准为依据的新一轮变革中,我们应当确立"立德树人、服务选材、引导教学"的评价核心立场,开展基于标准的学业质量评价研究,探索形成区域高中学业质量标准测试框架,并在此基础上开展基于学业质量标

准的命题研究,通过评价引导学生学会学习,自觉提升学科核心素养,通过评价服务并促进教师教育教学行为的实践改进,促进学习方式和教学模式的变革。

(三) 建立学业质量标准与考试评价内在联系的必然选择

2014 年 9 月,国务院颁布《关于深化考试招生制度改革的实施意见》,就深化考试招生制度作出系统设计和全面部署。随后又出台了《关于普通高中学业水平考试的实施意见》等四个配套性文件,正式拉开了新一轮考试招生改革的序幕。实际上,杨浦区对教师命题能力已经开展了近十年的探索与实践,相关项目研究成果《提升区域中小学教师学业测评能力的实践探索》已荣获 2017 年上海市基础教育教学成果奖一等奖,形成了项目研究的目标理念、框架工具、研训体系、保障机制等一系列成果,进而明晰了提升教师学业测评能力的观念支持、专业依据、专业途径和制度保障等,在全市范围产生了一定的影响力。但是,在当前新课程新教材实施的大背景下,如何在国家新课程标准中对学业质量标准的水平划分的基础上,进一步建构以学科核心素养为导向、区域高中学业质量标准为依据的命题测试框架,并在此基础上开展基于学业质量标准的命题研究,综合发挥评价的检查、诊断、反馈、激励、甄别、选拔等多种功能,同步关注学生外在的学习结果和内在的学习品质……仍是我们需要持续思考和深化研究的问题。

三、主要任务

(一) 区域高中学业质量标准测试框架研究

深入研读高中学科新课程标准,围绕学生学习该学科课程后应具备的正确价值观、必备品格和关键能力,细化学科核心素养在具体年段、具体学科中的体现,明确学生应达到的学业标准,制定区域高中学业质量测试框架。

(二) 基于学业质量标准的命题研究

根据学业质量标准和学科测试框架,开展基于情境的、体现学科核心素养的、对应学业质量标准的命题研究,形成试题样例,开发素养导向的考试与命题研修课程。进一步完善基于学业质量标准的考试评价制度,规范测试的流程、技术,开发"双新"背景下指向学生素养培育的一系列学业质量评价样例。

四、实施路径

本研究坚持问题导向和目标导向相结合的思路,综合运用文献研究法、调查研究法、案

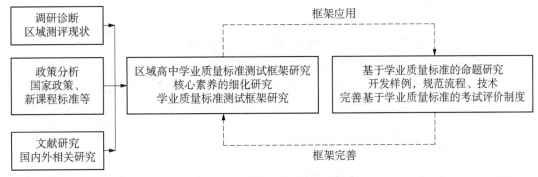

图 7 - 4 学业质量评价研究线路图

例研究法和行动研究法,首先开展国内外高中学业水平测试的相关文献研究、政策分析,以及区域测评现状的调研诊断,进而明晰项目研究的逻辑起点;顶层设计研究总体框架,以核心素养的细化研究为基础开展区域高中学业质量标准测试框架研究,并在此基础上开展基于学业质量的命题研究,在此过程中的新思考、新路径与新实践又促使项目组进一步修订完善原有的测试框架,实现双向匡正和互动。具体研究计划如下。

(一) 规划设计阶段(2020.9—2021.1)

1. 开展国内外高中学业水平测试的相关文献研究和相关政策分析,深入研读各学科课程标准,同时开展区域测评现状初态调研,明晰研究的逻辑起点。

2. 结合调研结果、政策分析和文献研究,设计项目研究方案,组建项目研究团队,确定项目校。

(二) 研究推进阶段(2021.2—2022.1)

1. 选择试点学科,细化学科核心素养在具体年段、具体学科中的体现,制定试点学科高中学业质量测试框架。

2. 初步开展基于学业质量标准的命题研究,积累试题样例。

3. 对教研员、教师开展素养导向下的命题专题研修,更新观念、形成共识。

(三) 反思提炼阶段(2022.2—2022.8)

1. 在试点学科基础上进一步辐射推广,各学科根据课程标准,细化学科核心素养在具体年段、具体学科中的体现,制定区域高中学业质量标准测试框架。

2. 进一步开展基于学科学业质量标准的命题研究,在样例基础上进一步提炼背后的规格,规范测试的流程、技术等。

3. 开展项目中期小结与评估论证,提炼总结阶段性研究成果,反思调整后续研究计划。

（四）深化研究阶段（2022.9—2023.1）

1. 形成"双新"背景下指向学生素养培育的系列学业质量评价样例。
2. 监测区域教学质量，分析问题，提出改进措施。
3. 将基于标准的命题研究实践中发现的新经验与新路径，反哺原有测试框架，对其进行优化完善。

（五）推广辐射阶段（2023.2—2023.6）

梳理提炼项目组的实践经验和已有成果，使得各项成果系列化，完成项目结项评估，形成子项目结项报告。

第四节　凸显技术融合创新的学习空间建设

一、学习空间的概念和内涵

学习空间是指通过灵活的设计和创新的技术工具开发的综合空间，应能够激励和促进学习者的学习，支持协作学习的开展，提供个性化和包容性的环境，并且能够灵活地满足不断变化的需求。

在高中新课程新教材实施国家级示范区建设的背景下，融合"基于教学改革，融合信息技术的新型教与学模式实验区"和"在线教育应用创新项目区域"的建设要求，杨浦区以"创智云课堂"应用研究项目和"数字教材"应用研究项目为基础，探索人工智能、大数据等信息技术手段在教学中的应用；通过创新信息技术创设真实问题情境，提供个人学习支架的应用方式，探索线上线下混合式教学的实施路径；推进课堂教学形态的重塑，推动学生学习方式的变革；完善网上学习空间，支持教师进行分层教学，满足学生的沉浸式学习、体验式学习和个性化学习。

二、凸显技术融合创新的学习空间建设的意义

通过构建面向教师专业能力发展和学生自主学习的"同创空间"，关注资源的生产、选择和使用，关注教师专业能力和课堂教学能力的提升，凸显"双新"的理念和要求，推进普通高中育人方式的改革，支撑区域内普通高中"双新"的有效实施，并向其他学段教师研修进行拓展。

三、主要任务

（一）教育研修系统

教育研修系统主要用于针对"双新"进行的在线课程化研修和单次化研修。每次研修活动由教研员（区）或教研组长（校）发布教研任务，设置任务完成时间，教师需要依次完成教研任务，并形成记录在系统中呈现出来。教研组长可以根据每位教师的完成情况进行评分。

（二）教师培训系统

教师培训系统主要用于针对"双新"进行的培训实施管理、培训学习管理和培训学分管理等。培训实施管理主要针对线下培训活动，通过线上系统进行过程记录、资料沉淀。培训学习管理主要针对线上开展的培训活动，直播＋录播组合进行，并且培训结束后还可以出题测试教师，提升教师的专注度和积极性。培训学分管理，对教师每次学习的培训课程赋予学分，督促教师积极参与。

（三）名师工坊系统

名师工坊系统主要用于针对"双新"聘请名师和专家进行的工坊建设。名师工坊系统支持名师和专家进行在线直播、课堂录播、微课分享、优质资源分享等，帮助教师提升"双新"教学实施的能力水平。

（四）学生选课系统

面向学生，展示区域优质选修课程、名校网络课程、高校先修课程等，学生根据自己的兴趣点在助教的指导下自主选课。

（五）在线学习系统

针对"双新"新建或引进的各类优秀资源向学生开放，供学生课前预习和课后复习，学生可根据自己的水平选择相应的视频内容进行学习，同时系统将记录学生的学习行为，供教师分析使用。

（六）项目化学习系统

为了更好地提升学生解决问题的能力，很多"双新"课程采用项目化学习方式。由于线下实施中较难沉淀学生成果，而且评价存在一定的局限性，均由教师进行，学生很难看到其他学生的作品，并参与评价。为此开发项目化学习系统，可以进行小组化实施，积累项目化实施的过程文件，上传项目化成果，设定特有的评价量表供学生互评和教师评价，更好地发挥项目化学习的教学效果。

（七）资源同创空间系统

为了更好地管理"双新"优秀学习资源，同时将教育研修系统、教师培训系统、名师工坊系统中的优秀资源自动采集汇总，将开发资源同创空间系统，组建教师个人资源库和区域共享资源库，包括师训资源和课程资源。

（八）网络学习空间

将组建教师学习空间和学生学习空间，将师生关联应用系统和数据资源进行整合，提供应用入口，方便师生操作，同时汇总各类数据进行统计分析，清晰呈现应用系统过程和成果，指导师生更好地使用各应用系统，帮助其成长。

四、实施路径

（一）第一阶段：教师专业发展在线系统建设

支持在线教育研修、在线教师培训、名师工坊在线实施，为教师快速有效实施"双新"提供技术支持。

（二）第二阶段：教育资源平台的建设

建设面向教师的区域资源平台，实现资源查找、互动研讨等功能，方便校际教师的交流和学习。

（三）第三阶段：学生学习成长系统建设

支持在线选课、在线学习和在线项目化学习的实施，满足学生自主学习、个性化学习的需求。基于资源的"同创空间"建设，为教师、学生的教与学拓展时空，针对"双新"项目实现线上线下融合。"同创空间"网上学习平台通过教育研修、教师培训和名师工坊促进教师的专业发展，通过在线选课、在线学习和项目化学习促进学生的学习成长，通过教师网络学习空间和学生网络学习空间整合业务资源和业务数据，方便师生参与实施。

第五节　提升教师专业胜任力的研训机制研究

教师是教学改革的最终实施主体，高质量教师队伍建设是落实"双新"的重要保障与支撑。2020年教育部修订了《普通高中课程方案（2017年版2020年修订）》，该文件提出"加强教师培训与研修，探索教师专业发展新模式，建立和完善教师专业发展保障机制"。教育部《关于做好普通高中新课程新教材实施工作的指导意见》指出"做好新课程新教材的全员培训工作"，切实保障新课程、新教材的实施。面对新的教育形势，不禁扪心自问"我们需要什么样的教师，如何培养我们需要的教师"等问题。在素养时代，有一个基本的论调"没有核心素养的教师很难培养出具有核心素养的学生"，因此，项目组围绕学生核心素养的培育，思考教师培养问题。

一、教师培育内核：教师胜任力的建构

区域深知教育教学改革最终的实践者是教师，教师不动，改革的成效甚微。教师教育是促进教师专业发展的重要途径，加快区域教师教育体系成为"双新"建设的重点工作。为此，区域借助"双新"重塑教师形象，提出教师胜任力框架，为后续的区域教师教育提供目标和方向，凝聚了教师的素养要求。

（一）区域教师胜任力框架依据

教师胜任力描述了区域未来教师培育要求，满足落实"双新"的要求，因此，区域深度研读国家政策文件，明晰教师能力要求，广泛收集世界主要国家的教师教育标准，统整国际上的教师能力标准，同时，区域开展自查，明晰区域教师现状、教师发展要求。通过上下联动的方式，构建出具有活力的教师胜任力框架，既要符合国家的要求，引导教师教育，又要贴地气，满足教师的发展需求。

1. 以国家政策文件为指导

国家在新教材实施意见、新课程标准中对课程教学提出了更高的要求，这就要求教师进一步提升教育教学能力。教育部在《关于做好普通高中新课程新教材实施工作的指导意见》和《普通高中课程方案（2017年版2020年修订）》中都明确了新课程、新教材的实施方式，对教师能力提出要求。首先是推进学习方式的变革，强化学生的问题解决能力，注重学生的自主、合作、探究能力的发展，这就要求教师扭转教学设计，从"教"的视角走向"学"的设计，从"内容"设计转向"素养"设计，加快学科内容统整，设计真实性的学习任务，满足素养的培育，基于素养的学习设计能力成为教师的必备能力。其次是推动信息技术在教学中的合理应用，现代技术具有检索、信息处理、记录等功能，技术也为个性化学习提供了便利，学生可以根据学习情况，对某一内容进行线上补学或深层探究，进一步发挥学生的自主权。再者，高中阶段教育是学生个性形成、自主发展的关键时期，教师需要通过多种形式的指导活动，帮助学生正确认识自我，进行生涯规划，教师对学生发展的指导能力也显得尤为重要。最后，强化教师的合作能力，鼓励教师开展教学研究，通过教师间的合作共克教学问题，提升教师的教学能力,形成具有个人特色的教学风格。

国家政策对"双新"的落实超越了"教书"这一简单范畴,而是从"育人"的视角出发,对教师提出了更高的专业要求,需要教师提升学习设计素养、信息素养、学生发展指导素养以及学习与研究素养等,这成为区域教师培训需要努力达成的目标。

2. 以国际教师素养框架为参照

21 世纪是素养的时代,要培育学生的核心素养,教师也必须具备核心素养,世界主要国家也发布了教师素养框架,为区域教师胜任力的建构提供了参照,理解和顺应国际教师发展趋势,开拓区域教师教育视野,使其更具有前瞻性,也为保障后续的教育发展积蓄能量。

21 世纪对教师的要求越来越复杂和多元,从学科教学走向专业的课程开发与实施,从知识传授转向整体性育人,需要教师有足够的专业素养支持学生发展。欧盟是较早提出教师核心素养的国际组织,在 2018 年的《以核心素养来促进终身学习的委员会建议书》中,将八大教师核心素养更新为"文化素养""多种语言素养""数学素养及科学、技术和工程素养""数字化素养""个人、社会及学会学习的素养""公民素养""创新精神""文化觉识与文化表达素养"。[①] 美国以"21 世纪技能"培育为核心,提出教师应具备以下九个方面的能力:技术性学科教学知识、以"21 世纪技能"为核心的教学、多样化的教学方式、学生成长知识、多手段对学生的表现进行评估、参与学习化社区活动、合作能力、个性化教学、终身学习者。[②] 新加坡以价值为核心,强化学习者中心、教师身份认同、服务与专业和团体。[③] 澳大利亚以教师的关键技能为核心,《教师素养框架》将教师的发展分为三个阶段,具体包括专业态度、专业知识和专业实践。[④] 虽然素养具有深厚的文化背景,但从世界主要国际组织、国家对教师的要求来看,教师素养是基于学生素养提出的,强化教师对学生核心素养的落实,从教师的教学出发,对教师应具备的专业知识、专业技能、专业态度进行高度的凝练,描绘了未来教师的培育形象。

国际教师核心素养培育的经验表明:首先,教师素养要以学生为中心,强化教师的育人能力,关注学生的整体性发展;其次,体现出特定的文化背景,各国际组织、国家的教师素养框架都有其特定的文化内涵,例如新加坡强调价值导向,澳大利亚则强化技能,这反映了我们要依据自身实践构建教师素养体系;最后,教师要具有开放与多元的态度,要求教师具有创新能力、合作能力、承担社会责任,尊重与理解学生的差异化。国际教师素养框架凝练了教师素养的共同诉求,为区域教师素养构建提供了参照。

3. 以区域教育实践为基础

2009 年杨浦区被确立为"上海市基础教育创新试验区","创新"成为杨浦教育发展的关

---

① Council Recommendation of 22 May 2018 on Key Competences for Lifelong Learning. [EB/OL]. [2018 - 08 - 01]. http://https://eur-lex.europa.eu/legal-content/EN/TXT/PDF/? uri=CELEX:32018H0604(01)&from=EN.

② 王美君,顾銮斋. 论国际视野中的教师核心素养[J]. 天津师范大学学报(社会科学版),2018(01):44—50.

③ 张晓琳. 新加坡"面向 21 世纪教师教育模式"的建构及启示[J]. 现代交际,2011(07):7.

④ 曾文茜,罗生全. 国外中小学教师核心素养的价值分析[J]. 外国中小学教育,2017(07):9—16.

键词,顺应"工业杨浦"到"知识杨浦"区域转型。经过十余年的发展,培养"有德行的创新者"成为区域教育发展的共识,创新素养成为区域的强化素养,区域开展了创新型教师培育的探索。在"双新"背景下,区域在已有的基础上对全区所有高中教师开展了问卷调查,进一步明确教师实施"双新"中迫切的需求,作为区域教师教育的重点工作。

调研结果表明,[①]缺乏材料资源、时间精力有限、缺乏相关的专业知识和能力是跨学科课程开发的主要困难,分别占57.2%、57.2%、54.7%。从参与跨学科课程开发的情况来看,"从未开发""参与但未主导开发"的教师分别占55.2%和40.5%,这表明教师在跨学科课程开发与实施方面有着比较大的需求。对于素养导向下课堂的聚焦点,教师认为最重要的前两项是对学科课程标准与教材的研究、单元教学设计(63.7%、53.2%),但仅有16.3%、24.5%、17.7%的教师选择了现有学习环境和空间的重构、课堂学习方式变革、信息技术融合的教学,也表明教师的信息素养有待加强,信息技术在教学实践中的应用比例较低;教师认为课堂转型最主要的困难是学生学情差异大(55.3%),面对差异化的学生,教师如何指导学生成为难题,区域亟需加强教师的学生发展指导能力。

除问卷调研外,项目组还进行了访谈,与问卷相互验证和补充,发现跨学科课程发展、教学设计、信息技术应用都是区域教师迫切需要解决的问题。例如,教师表示"新教材是站在学生的角度,学生怎么学习最合适,我们就怎么去教,它是以这种方式来进行教学,我们会不大习惯","今年,我开了一节上海市的主题班会教育公开课,运用了'双新'的思想,我们所采用的一个技术就是信息化技术下的一种课堂互动,我觉得这个对我的影响、促进和帮助都很大"。访谈结果除了验证问卷结果外,也反映出了新问题,教师表示"'双新'是一个新东西,需要做大量的研究,但是我们有时候找文章也很痛苦的"。区域教师具有研究意识,保障教师的高水准研究,改善教育教学亦是区域的关键工作,以研究引领"双新"落地,使其更具有根基与活力。

(二) 区域教师胜任力框架体系

对于教师胜任力而言,学术界的界定不一,卡尔·奥尔森等指出,教师胜任力指教师个体具备的、与实施成功教学有关的一种专业知识、专业技能和专业价值观。[②] 联合国认为教师胜任力是技能、特质和行为的结合,与在某个岗位上的表现成功与否具有直接关系。[③] 曾晓东认为教师胜任力直接影响教师的教学成绩,具体内容有:教师知道的(知识)、能做的(技能)、信仰的(价值观)。[④] 从国内外的界定来看,教师胜任力描述了优秀教师必备的专业知识、专业实践和专业态度。基于"双新"的教师胜任力反映出落实"双新"的要求,因此,区域

---

① 本数据来自于内部资料,调研报告并未公开发表。

② Olson, C. O., Wyett, J. L. Teachers Need Affective Competencies [J]. Education, 2000,120(4):741.

③ 滕珺,曲梅. 联合国未来胜任力模型分析及其启示[J]. 中国教育学刊,2013(03):5—7.

④ 曾晓东. 对中小学教师绩效评价过程的梳理[J]. 教师教育研究,2004(01):47—51.

通过"双新"相关文件政策的解读,抽离有关教师的素养要求,作为区域教师胜任力的顶层设计,此外,区域开展全区教师基础调查,明确教师现阶段亟需的能力提升,以此为基础,使得区域教师胜任力框架"贴地气",具有实践性意义,同时参考国外教师素养框架,以更广阔的视野审视区域教师的未来发展,通过三个方面的综合与调适,以培育学生核心素养为出发点,关注教师的整体发展,横向上包含专业知识、专业实践、专业态度三个方面,强化教师知情意行的统一,纵向上以素养为核心,体现出现代教师的必备知识与关键能力,构建了如表7－3所示的区域教师胜任力框架。

表7－3　杨浦区教师胜任力框架

	专业知识	专业实践	专业态度
师德素养	教师师德师风要求;教育法律法规;学生育德知识。	能够践行师德要求,为人师表,树立良好的榜样作用;能够挖掘学科中的育人价值,培育学生德育。	认同职业身份与价值;对职业发展具有积极发展的态度。
课程开发与教学素养	对学科结构具有深层次的理解;学习广博的知识;掌握前沿教育教学专业知识("双新"内涵);学习课程与教学相关知识。	基于素养开展学科整体(单元)教学设计;能够开发与实施基于素养的跨学科课程;对学生进行综合性评价。	能主动开展基于素养的课程设计,发挥(跨)学科的育人价值。
信息素养	相关信息检索、辨别知识;相关设备、软件使用知识;相关学习软件开发知识。	能够基于信息技术开展教学;能够利用信息技术收集学生学习资料,开展评价。	能根据学习需求主动选用相应技术。
创新素养	具有创新的相关知识。	具有创新能力;能够培育学生创新思维。	具有创新精神。
学生发展指导素养	具有指导学生发展的知识;具有与学生沟通的知识。	对学生的学习和生涯规划开展指导;能结合具体情况对学生开展教育。	能主动开展学生发展指导工作。
学习与研究素养	具有相关教育研究知识;具有问题意识。	能针对教学实践问题开展研究;与同事开展合作,互相学习。	能敏锐地发现教育教学中的问题;具有内省能力。

师德素养是指教师在教育教学中需要遵守教育法律法规和规范,也要具有育德意识和能力。教师发展,师德为要。教师职业的特殊性要求教师践行师德,为学生树立良好的榜样,引领学生德育的培养。同时,教师还要具有育德的意识和能力,抓住日常教学的细节,开展德育教育。

课程开发与教学素养指教师的课程开发与实施能力,包括国家课程校本化和跨学科课程两大部分。素养培育的诉求要求转变教学方式,深挖学科育人价值,开展整体教学设计。同时,跨学科课程是培育学生核心素养的重点,跨学科课程大都依据校本课程,需要教师具有跨学科知识、课程开发知识与能力,开发基于素养培育的跨学科课程。

信息素养是指教师能够利用现代新技术进行教学,技术提供了检索、互动、记录、汇集等功能,为学生提供更多样化的学习途径。教材内容往往是抽象存在的,现代技术可以跨越时空限制,将抽象内容转变为具体内容,便于学生理解,降低认知负担。同时,信息技术亦为学生的探究活动提供学习支持,支持学生收集、分析资料,解决问题。教师需要利用信息技术加强合作,丰富和完善自身的教学设计,使其更贴近学生的学习需求。

创新素养是指创造性解决问题的能力,需要教师灵活处理教育教学问题。现在是多元的世界,培育学生的创新素养来帮助其应对未来的挑战是区域教育的共识,教师要具有培养学生创新素养的能力,鼓励学生探究、发表不同的见解,引导学生尝试用不同的方法解决问题。同时,面对日益复杂的教学环境,教师需要不断学习,创造性地解决教学问题,服务学生的发展。

学生发展指导素养是指教师引导学生正确自我定位、指导学生个性化发展的能力。高中是学生成长的关键阶段,涉及升学、职业发展、性格养成等问题,需要教师对学生进行引导,树立正确的价值观、职业观等。教师要具备学生发展、学生指导等相关知识与能力,对学生作出个性化的发展指导。

学习与研究素养指教师要具有研究意识与能力,将教学问题转化为研究点,将理论学习和实践研究相结合,促进问题的解决。教师要具有终身学习的意识,不断学习先进的教育教学理论,改进教学方式。人的全面发展诉求越来越强烈,推进教学方式、评价方式等的变革迫在眉睫,教师要具有研究意识,开展实践研究,着力推进育人方式的变革。

二、区域教师胜任力框架意蕴

区域教师胜任力框架描绘了区域教师形象,它基于学生素养培育而构建,为育才而育师。不仅关心教师职业发展,更强化教师的整体发展,为"双新"落地提供了支持与保障。

(一) 赋予教师以育人为核心的专业自主权

"双新"最终落地效果取决于教师的实践,即教师是如何参与到"双新"之中的。"双新"的变革不仅改变育人方式,而且还改善教师的自我认知,重塑教师的专业自主权。一直以来,对于教师这一职业都存在着这样一个误解,即教师被简单地认为是教书匠,学科知识的传授者,忽视了教师的育人作用。基于"双新"的教师胜任力框架基于学生核心素养框架,以育人为核心,赋予教师专业自主权,发挥其主动性。育人是教师专业的核心,学科学习是育人的载体,挖掘学科的育人性才是教师专业的体现。

基于"双新"的教师胜任力框架强调以学生发展为中心,偏向于学生素养的培育,对教师的育人性提出了更高的要求,主要体现在以下几个方面:首先,教师要具有学生发展指导素养,以导师的身份引领学生发展,不仅仅是学业成绩,更重要的是健全的人格,对学生的学习、生涯规划、人际交往等方面进行引导,帮助学生正确认识自我,树立正确的价值观;其次是课程开发与教学素养,学生的培育要以课程为载体,课堂为主渠道,面对素养的培育,教师要具有课程开发能力,具有广博的知识,能够根据素养要求开发跨学科课程,组织学生探究,在体验与感悟中转化与生成核心素养,同时,教师也要基于素养开展学习设计,整合学科内容,对教材进行二次加工和开发,促进知识、技能、思维的融合,使其更符合学生的学习逻辑;最后,教师要具有学习与研究素养,在实际教学中,存在着众多不可控因素,教师面临众多的教学问题,需要进行深度研究与学习,开展基于实践问题的教育研究,以科学的方法不断解决教学问题,不断提高自身的专业能力。

(二) 促进教师作为"整体人"的发展

培养具有素养的学生,首先要有具有素养的教师。素养是人综合能力的体现,对于教师培养而言,不仅仅要关注教师的职业知识与技能,更重要的是关心教师的专业成长,帮助教师开拓视野,关注周边环境变化,将社区资源融入到教育教学之中。

基于"双新"的教师胜任力框架打破了单一的职业培训,沟通教师的职业生活、社会生活、个人生活,融合了教师的价值观、知识技能、能力的培养,努力促进教师整体而全面的发展。就职业生活内部而言,该框架中涵盖着师德素养、职业知识与能力、学习与研究能力等多个方面,涉及知情意行的统一,要求教师以崇高的职业道德引领教学实践,在实践中发现问题,开展研究,最终指向实践的改善,能够理解教育的未来蓝图,成长为研究型、专家型教师。从人发展的要求来看,该框架除了职业必备的能力外,还进一步强化了社会生活与个人生活必备的能力,比如,信息素养与创新素养等,通过相关素养的强化,帮助教师不仅利用技术开展教学,而且能适应现代数字化的社会,能够不拘一格地创造性地解决问题,更好地履行现代公民的权利与义务。

(三) 激活教师自我教育能力

教师自我教育能力表现为教师能够根据专业发展要求主动开展教育教学研究,提升专业水平。教师将"教"的理论内化为"教"的意识,进而引起"教"的行为改变。[①] 随着"双新"的落地实施,教师的教学环境更为多元、开放和复杂,这就要求教师具有学习能力、研究能力、反思能力等,不断驱动自我教育。

基于"双新"的教师胜任力框架从教师专业发展上提出了教师应具有的素养,并对每一素养进行解读,提出了具体的表现要求,使得该框架对教师的发展具有引导性意义,强化教师的能力提升,弱化了达标、甄别等作用。此外,本框架强调了教师成长的适应性,框架描绘

---

① 方晓湘,柯森."自我教育力"驱动的教师能力发展——评《东南亚教师能力框架》[J].全球教育展望,2021,50(02):95—106.

了未来区域教师的形象,即未来的"我",蕴含着对"教师自我教育"的期许,引导教师不断追求教育的真善美,以最大的可能满足不同教师的成长需求。教师专业发展是一个永无止境的过程,框架淡化了"标准"这一概念,更多采用表现性描述,强化优秀教师所有的行为表现,为教师提供了榜样,将理论学习转化为实践行为,促进教师的自我实现和自我超越,激发个人潜能。

三、项目研究任务

项目研究以国家政策文件为导向,以区域教师专业发展中的问题为基础,在教育理论的引导下,开展实践研究。

(一) 问题与挑战

1. 区域教师研修体系如何回应和解决教师在使用新课程、新教材过程中产生的现实需求和实际问题,内容上满足不同学科、不同专业发展阶段的教师发展需求,形式上符合育人方式转型对教师教育提出的新要求,进而同步实现区域高中教师的整体提高与个性发展?面对区域庞大复杂的高中教师群体,研修课程体系如何兼顾共性与个性是挑战之一。

2. 与区域教师研修体系相配套的支持体系需进一步优化,通过完善与创新研修平台与资源体系,进而实现教师专业发展的过程性追踪、多方联动和线上线下协同,发挥市、区、集团、学校的资源与平台优势,以及线上线下协同研修平台的专业支持与技术支持。相应的平台与资源建设如何有效支持教师研修体系是挑战之二。

3. 如何通过制度建设持续保障围绕新课程新教材研究与实施的区域研修课程以及校本研修的开发与实施,推动培训向研修转变,零散的研修活动向系统化的研修课程转变,切实提高教师研修的质量与成效,教师研修的制度建设如何有效发挥激励作用与制约作用,为教师专业发展增权赋能是挑战之三。

(二) 研究目标

根据《上海市杨浦区普通高中新课程新教材实施国家级示范区建设工作三年规划(2020—2023年)》,以新课程新教材背景下的教师研修体系建设为主线,探索建立区域教师研修框架,开发并实施以"双新"研究为核心的研修课程,完善与之相配套的支持体系和制度保障,实现教师培养培训方式的创新,提升教师研修的实效性。

(三) 研究内容

1. "双新"背景下区域教师研修体系研究。首先,建构教师胜任力模型,研究新课程新教材对教师专业素养提出的新要求和新挑战,明确应然层面的教师素养发展要求,进而建立"双新"背景下的教师胜任力模型。

其次,明确区域高中教师的现状与提升需求,以胜任力模型为基础,发现区域高中教师实然层面的发展现状和提升需求,进而分析教师素养水平与应然之间的差距以及个性化发展需求。

最后,开发"双新"教师研修框架,围绕新课程新教材实施方案,针对区域教师的现状与需求,建构并通过试点完善点面结合的教师研修框架。

2. "双新"背景下区域教师研修支持体系研究。首先,建设杨浦区教师研修云平台,随时跟踪记录教师专业发展情况,搭建多元互动研讨空间,实现线上线下研修的协同推进。

其次,建立"双新"背景下的区域教师研修资源体系,设立专门的"双新"研修资源库,汇总线上线下资源,并分类别、分学科地呈现教师研修资源,实现资源的互通共享,缩小校际差距。

3. "双新"背景下区域教师研修制度保障体系研究。首先,建立并完善多元研修制度,明确区教育学院、集团、学校各层面及各部门在教师研修中扮演的角色和相应的责任,建立各层级教师研修体系。

其次,建立并完善评价反馈制度,一方面完善教师评价,为教师胜任力发展提供证据;另一方面完善研修评价,持续推动完善区域教师研修体系。

四、实施路径

本项目主要采取行动研究的路径。行动研究是一种广泛应用于社会科学领域的研究方法,能够有效弥合理论与实践之间存在的缝隙。行动研究旨在对以下三个方面做出改进:一是对实践的改进;二是增进参与者对实践的认识;三是对实践情境的改善。[1]

(一) 行动研究一般程序

凯米斯提出的行动研究程序最为经典,他将行动过程视为一系列的反思循环,即"计划—行动—观察—反思"的螺旋循环过程,开展行动研究。

一是规划环节,主要任务是确定研究问题和制定研究计划。在行动研究前期,研究者和行动者需要在细致分析实践现状的基础上明确研究问题,并据此拟定解决该问题的研究计划。研究计划应包括总体研究计划和具体行动方案计划。研究计划针对问题,各个研究阶段依据计划开展研究。

二是行动环节,主要任务是将研究计划付诸实践。在对研究计划进行充分理解的基础上,应依照研究计划开展具体的行动。值得注意的是,在行动过程中,行动研究计划并不是一成不变的,而是需要根据现实情况及时做出修改和调整。

---

① Carr, W., Kemmis, S. Becoming Critical: Education, Knowledge and Action Research [M]. New York: Taylor & Francis Inc., 2004:165.

三是观察环节,主要任务是观察和记录行动的全过程。具体包括系统地收集相关研究数据,以便对研究过程进行细致的分析。

四是反思环节,主要任务是总结和反思行动的全过程,并形成新一轮的行动规划方案。行动者需要根据对研究数据的分析,归纳行动中出现的问题,评估本轮行动的实施成效。进一步分析研究中未解决或新出现的问题,再次修正研究计划,开展新一轮的研究。

本研究之所以采用行动研究的方法,是因为行动研究是一项由实践者团体合作进行的致力于更好地理解教育实践、增进对实践效果的觉察,从而改善自己的工作情境的研究活动。[①] 本研究希冀通过教师教育方式的改变和体系的重构,帮助教师胜任复杂的教学环境,并能主动对教学问题开展研究,从而成为研究型教师。

(二) 研究设计

项目研究采用行动研究的基本思路开展,具体过程如下图所示。

首先是调研判断,通过调研区域教师专业发展中的问题,研读世界主要国家、地区、国际组织对教师培育的标准和要求,结合国家相关政策文件要求,运用专家咨询法,建构出贴合区域教育实际发展的教师胜任力模型。

其次,制定研究方案,根据区域调研反馈出来的问题,制定研修课程方案,初步设计教师研修体系以及与之相配套的支持体系和制度保障体系。

再次是试点行动,通过与区教研员、学校开展合作,执行研究方案,尝试解决问题。

然后是观察与反馈,收集研究行动的文本资料、教师访谈资料、视频资料等相关材料,对问题解决情况进行分析,并听取学校、教师等层面的反馈意见,尤其注重让教师提出具有建设性的修改方案。

最后是根据第一轮的实施情况,对区域教师培养中的问题进行分析,再次制定相应的行动计划并开展行动,经过两轮行动后总结经验,形成可辐射、可推广的成果,在全区范围内推广。

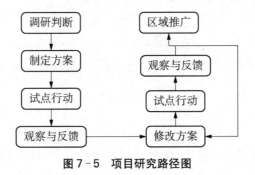

图 7-5　项目研究路径图

---

① Grundy, S. Participatory Educational Research in Australia: The First Wave—1976 to 1986 [A]. McTaggart, R. Participatory Action Research [C]. State University of New York, 1997:138.

五、实践策略与案例

按照研究计划,项目组通过调研架构了区域教师胜任力模型,为积极推进区域教师教育奠定了基础。在胜任力模型的指引下,项目组以区域教师教育课程体系整理为抓手,重新搭建了区域教师教育课程体系。

(一) 课程目标

1. 提升教师专业理念,使其树立正确教育观、育人观。以人民教育家于漪的教育教学思想为引领,发挥榜样作用,引导教师树立正确的教育观、育人观,加强师德师风建设,提升教师的师德修养、育德意识、文化修养和创新素养。鼓励教师积极营造"学于漪、做'四有'好教师"的学习氛围,努力转化与践行于漪教育教学思想,提高育人水平,转变育人方式,做到目中有"人",心中有"情"。

2. 完善教师专业知识,使其适应现代教育教学发展。面对现代教育教学发展的新趋势、新要求、新任务,不断完善教师的知识结构,拓宽其专业知识。引导教师全面了解区、校"双新"实施的政策、方案与计划,开展"双新"背景下的学科专题研修和跨学科学习,加快学习现代教育教学理论,借鉴国内外优秀教学案例,积极探索基于校情、学情的个性化学习方案,提高课程开发与实施能力。

3. 增强教师专业能力,促进教育教学方式的转型。全面提升教师在核心素养背景下的学科教学能力,明确素养的内涵与要求,深入开展"创智课堂"实践研究,明晰"创智课堂"与核心素养下的学科教学关系,促进"创智课堂"成为每一所学校、每一位教师所认同、所追求、所践行的课堂教学范例,以"创智"为载体推动教与学方式和评价方式的转变,全面、立体地推动学生成长。

4. 加强团队建设,共建优质教师教育资源。依托区"双新"专家指导团队和华东师大教育学部、复旦大学高教所的专家学者,集聚区内一线优秀教师,分学科组建研训课程建设团队,深入开展理论学习,提炼与总结优秀教师的教学经验,转化成教师研修课程。加强区域、培训基地的研训课程建设,推进区域"双新"国家级示范区建设,形成可复制、可推广的课程开发经验与做法。

(二) 课程结构

根据教师培训需求,按照"双新"的要求,杨浦区积极构建市级、区级、校级三级课程体系,区域以区级研修课程为核心,上勾市级课程,下连校级课程,如图 7 - 6 所示。以区域发展实际为基础,积极开发区级课程,包括培训课程和研修课程,其中培训课程以传递相关理念为主,研修课程培养教师的实践能力,区域除自身开发课程外,还依靠学校的优秀课程,将校级优秀课程转化为区域共享课程,提高区域课程的广度和深度。此外,区域还积极推动区域课程申报市级课程,扩大杨浦教育的辐射力和影响力,从而构建起上下联动了区域教师的教育课程体系。

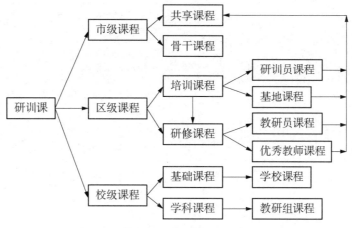

图7-6 基于"双新"的教师教育课程体系

根据整个区域的教师研修课程体系架构,依据教师胜任力模型以及教师调研反馈的问题,初步拟定部分课程主题或名称,如表7-4所示,构建区校两级课程体系,区校研训人员可根据初步拟定的课程名称,结合各学科、各校的实际情况,开发相应的课程,以帮助教师解决实际教学问题。

表7-4 杨浦区高中"双新"教师研修课程计划一览表

课程模块	区级研修					校级研修				
	课程名称	学时	对象	形式	要求	课程名称	学时	对象	形式	要求
师德素养	于漪教育教学思想专题研修	20	全体教师	线上	必修	于漪教育教学思想转化与应用	20	全体教师	专题	必修
	于漪教育教学思想青年干部研修	60	青年干部	混合	选修					
	学科育德实施的策略与方法	5	全体教师	线上	必修	学科育德案例评析	10	全体教师	专题	选修
	学科育德案例评析	10	部分学科	混合	选修					
	学科育德与学科教学	5	全体教师	线上	必修	教师育德意识和能力提升的案例评析	10	全体教师	专题	必修
课程开发与教学素养	专业知识学习	20	学科教师	混合	选修	专业知识学习	20	学科教师	线下	选修
	"双新"实施政策与方案解读(区)	5	全体教师	混合	必修	"双新"实施方案与计划解读(校)	10	全体教师	混合	必修
	"双新"实施学科专题研修	15	学科教师	混合	必修	"双新"学科专题研修	20	学科教师	混合	必修

课程模块	区级研修					校级研修				
	课程名称	学时	对象	形式	要求	课程名称	学时	对象	形式	要求
	"双新"课程计划的编制与实施	10	分管校长	混合	必修	"双新"课程的组织与实施	4	全体教师	混合	必修
	个别化学习下的学练案编制与应用	10	分管校长	混合	必修	个别化学习下的学练案校本化实施	8	全体教师	混合	必修
	跨学科课程建设的实践研究	10	分管校长	混合	必修	跨学科课程案例分享(文科/理科)	8	文科教师	混合	必修
	核心素养下的"创智课堂"实践研究	20	学科教师	混合	必修	核心素养下的"创智课堂"案例分析	8	全体教师	混合	必修
	指向学科核心素养的单元教学实践研究	10	学科教师	混合	必修	核心素养下的单元教学设计	10	学科教师	混合	必修
	"五育融合"背景下的学科教学	10	全体教师	混合	选修	"五育融合"背景下的学科教学案例评析	10	全体教师	混合	选修
	"双新"实施重点难点问题研究	10	学科教师	混合	必修	"双新"实施重点难点问题评析	10	学科教师	混合	必修
	核心素养下的学科学习表现与评价	20	学科教师	混合	必修	核心素养下的学科学习表现与评价	20	学科教师	混合	必修
	基于高中学业考质量评价框架的试卷研究	20	全体教师	混合	必修	基于高中学业考质量评价框架的试卷编制	20	全体教师	混合	必修
	课程建设与开发	20	全体教师	混合	选修	选修课程的建设与实施	20	全体教师	混合	选修
	提升教师跨学科学习指导能力的研修工作坊	32	部分教师	线下	选修	跨学科学习案例分享	32	全体教师	线下	选修
信息素养	信息技术应用能力提升工程2.0	10	全体教师	线上	必修	信息技术与学科教学融合的实践研究	20	学科教师	混合	必修
学生发展指导素养	高中学生心理健康教育	20	全体教师	混合	选修	"全员导师制"案例评析	30	全体教师	混合	必修
	高中学生生涯指导	20	全体教师	混合	选修					
	高中学生综合评价研究	20	全体教师	混合	选修					
学习与研究素养	教学案例反思	20	全体教师	线下	选修	教学案例探讨	20	全体教师	混合	必修
	教育研究技能	20	全体教师	线下	选修	课题申报	20	全体教师	混合	选修

课程模块	区级研修					校级研修				
	课程名称	学时	对象	形式	要求	课程名称	学时	对象	形式	要求
创新素养	创新能力培育	20	全体教师	线下	必修	学生项目指导	20	全体教师	混合	必修

（三）课程实施

1. 多种方式推进课程实施。区教育学院师训部与教研室联合高校、市教研室专家、区教育学院教研员和一线优秀教师，系统规划、整体设计、组织实施研训课程，充分发挥教研员的学科专业支撑作用，开展区域联合教研、校际联合教研、"智慧教师工作坊"等多种形式的专题研修，并开展"一师一优课"评选活动。区"双新"实施培训基地开展"双新"实施的学科教学研究，汇聚一线优秀教师资源，以课堂教学为重点，开发"双新"课堂教学评析、学练案编制与应用等实践课程，破解教学中的重点难点。学校"双新"实施工作领导小组依据"双新"实施工作计划，对标《上海市杨浦区普通高中新课程新教材实施国家级示范区建设工作三年规划（2020—2023 年）》，依据杨浦区高中"双新"教师研训课程计划，落实教师全员培训和学科教研活动；学科教研组要结合校情、教情、学情开展针对性的学科专题研修活动，切实解决学科教学中存在的问题。

2. 加强课程实施的过程管理。为保障区域教师研修课程的顺利实施，加强教师研修过程的监督与管理，建立教师研修档案袋，记录教师研修活动中所形成的精彩观念与创意作品，进而通过展示与交流活动分享这类观念与作品，提高教师的创新能力。过程管理在很大程度上能够确保研修课程的实施质量。

3. 提升课程团队对参培教师的指导能力。研修课程要求课程团队在指导时作为合作研究者与参培教师一起投入探究。为此，课程团队的教师要注重加强自身的专业知识与学习能力建设，及时解决教师学习中的问题。教师在课程开发、实施、改进阶段，主动更新本学科知识，拓展跨学科、跨领域知识，不断充实自身知识体系。

（四）课程评价

1. 课程质量评价。区域将探索包括课程设计评价、课程实施评价和课程成果评价在内的多元化课程评价方案。其中，课程设计评价主要看/判断/评价课程团队提交的课程纲要在目标、内容、实施、评价等方面的选择是否与区域教师教育建设目标相一致，是否关注了教师的需求等。课程实施评价主要评价教学计划安排是否科学，教学内容是否合理，教学方法的采用是否关注了教师的体验、探究与感受。课程成果的评价将调研教师综合能力的提升情况、教师对课程的满意度等。综合以上评价，区域对课程质量加以认证，并将结果反馈给课程团队,实现课程动态管理。

2. 参培教师评价。区域树立以评价促学习的评价观,发挥评价的学习反馈作用,采用定量与定性相结合、发展性评价与结果性评价相结合的方式对参培教师进行综合评定。采用多元的评价方法。在评价的过程中注重过程性评价与表现性评价,从出勤记录、课堂活动参与情况、课题研究情况以及作品品质等多个维度,开展综合评价;在评价主体上,改变单一的课程团队评价,注重发展参培教师的自我评价能力,鼓励参培教师通过反思性评价自评得失,使评价更为民主、客观。

3. 课程团队评价。强化课程团队评价的机制建设,突出以学论教,以学评教。由参培教师和区域对教师的教学过程和结果进行综合评价。由区域组织全体学生以问卷、座谈会等形式,对课程团队的教学展开满意度调查,从而比较全面、准确地反映教师教育教学过程。

4. 学分认定。教师完成规定的学时和学习任务,经考核合格后,可取得相应学时和学分,所修学时学分纳入杨浦区"十四五"教师360培训学分管理系统;承担区级及以上课程的主讲教师,其学时学分按该课程学时学分的2倍计算,其所修学时学分纳入杨浦区"十四五"教师360培训(具有高级职称的教师,可计入540培训)学分管理系统。

第八章 杨浦区学校"双新"实施规划

在"双新"国家级示范区示范校建设的大背景下,杨浦区15所高中分别在专家的指导下,立足校情,制定了详细的实施规划。限于篇幅,在这里仅节选了同济大学第一附属中学、控江中学、上海理工大学附属中学三所学校的"双新"实施规划。

第一节 同济大学第一附属中学"双新"国家级示范校建设工作三年规划

第一部分 建设基础

同济大学第一附属中学(原名鞍山中学)创建于1960年,是上海市实验性示范性高中,上海市一期课改、二期课改试点校,上海市高中生创新素养培育试点校,同济大学杨浦基础教育集团引领校。学校坚持"为学生的终身发展服务"的办学理念,以"打造具有和谐人文环境、高效信息环境、低碳生态环境、国际交流环境的新型大学附中"为办学目标,持续推进课程教学改革,坚持改革创新、内涵发展的方向,坚持自主管理、主动学习的举措,坚持"教为不教、学为再学"的思想,坚持分层教学、分类辅导的策略,形成了以"全人涵养"为核心的德育特色,开创了"同育创新素养教育联盟"的创新教育模式,构建了以"融合教育"为特色的民族教育体系。学校基于信息技术的创新教育特色鲜明,成为上海高中教育办学实践上的"领头羊"。"国际生态学校""全国应用现代教育技术实验学校""全国体育传统项目先进学校""上海市第三轮提升中小学课程领导力行动研究项目校""上海市首批教育信息化应用标杆培育校""上海市科技教育特色学校""上海市艺术教育特色学校""上海市中小学民族教育工作先进集体"等荣誉,见证着学生、教师和学校的发展。

一、已有改革经验与成果

(一) 坚持"全人涵养",初步构建了"1+3"育人模式

学校以立德树人为使命,围绕"全人"涵养学生。"全人",即以"人"为基础,把"全"作为目标,以丰厚的文化土壤涵养德、智、体、美、劳全面发展的文化人、求知人、健康人。学生学业成绩稳定提升,在科技、体育、艺术、社会实践等各类活动中表现突出,被誉为"同一附现象"。以学生人格塑造与创新发展为目标的"1+3"培育模式是该校学生综合素质培育的新探索。"1"是班主任,"3"是班级任课教师,以辅导员的身份参与班级管理,在学业指导、学科辅导、心理疏导、活动策划、主题教育、生涯教育、课题引领和家校联系等方面发挥所长,成为学生思想上的引导者、学习上的辅导者、生活上的指导者和心理上的疏导者。

(二) 持续提升课程领导力,不断优化学校课程体系

学校通过区、市两轮课程领导力项目校实践,以"规范、丰富、特色"为指导思想,不断优化课程结构和实施方式,丰富学生的选择,促进育人方式的转变。构建了包括人文社科、自然科学与技术、身心健康、艺术专修、明德修行等五大系列、八大领域的课程体系,着力开发体现"人文奠基、科学创新"特色的校本课程群。形成了以"同济大学"为依托的学生体验课程,以"行为规范"为特色的校本德育课程,以"低碳"为核心的创新实验室课程,以"四大节"为代表的校园节庆课程,以及由同济大学先修课程、文理实验创新课程、苗圃课程和学科竞赛课程组成的荣誉课程,为不同学生的全面而有个性的发展提供适切的课程支持。在上海市高中名校慕课平台和学校平台,学校开发了17门慕课,30余门网络课程,上千节微课、微辅导,分别面向全市、同育联盟和本校学生开放。

(三) 深耕教育信息化,自主研发信息化教育与管理平台促进学生的个性发展

学校坚持"教为不教,学为再学",充分利用信息技术赋能教育,促进学生学习方式的转变,自主研发了信息化教育与管理平台。融合信息技术,构建了促进学生能动学习、泛在学习、高阶思维和创新素养发展的慧学课堂;以"导学、助学、自学"为核心,形成了促进学生自主学习的线下线上混合式教学模式;依托创新实验室、研学基地,形成跨学科培养学生创新素养的项目式学习、体验式学习,以及高效的数字化评价管理系统。学校教育信息化教学与管理平台在全国多所学校得到推广。

(四) 对接高考综合改革,推动了课程组织管理与评价的转型

学校积极对接高考综合改革,在区域高中学校率先开展选科指导和走班教学的实践研

究,形成了基于信息化平台的选择性、个性化学习的走班教学实践方案和经验,包括基于数据的选科与个性化学程、分层走班模式、走班管理细则、作业精细化管理。构建多部门联合管理模式,设立双备课组长制,"按类型跨年级"设置师资。已形成较为完善便捷的选科排课换科平台、多维度过程性的学生综合评价记录平台、实时交互的精细化教学管理平台。建立学生学分管理条例,推行优秀学生免修、免考制度。加强学生综合素养评价,依托信息平台对学生的学力和素养进行过程化和多元化评价,构建学生活动积分制管理模式,建立学生个性化成长档案,形成了学生综合素质评价管理办法。

(五) 探索跨校协同共育机制,开创了"同育创新素养教育联盟"的创新教育模式

学校依托同济大学和低碳、人工智能等 10 余个创新实验室,建设了 20 余门创新实验室课程,12 门同济体验课程,形成了科技创新教育的实施策略和有效的机制支撑,开发了区本课程"低碳生活与科技"。学校牵头成立同育创新素养教育联盟,引领 16 所中小学探索跨学段学生创新素养培育新模式与大中小贯通教育新机制,形成了融科普、科考、科创、科研为一体的创新素养培育方式,引领、示范、辐射作用突出。

(六) 承办新疆内地高中班,构建了以"融合教育"为特色的民族教育体系

学校积极探索"融入、融合、融化"的内高班"三融教育"。在"融合教育"理念的指引下,实施内地高中班与本地班"混班"学习与"混寝"管理,搭建丰富的融合平台,促进民族与文化交流,强化国家认同。学生团结友爱,互帮互学,内高班在各项活动和高考中成绩突出。"融合"教育特色鲜明,学校被评为"上海市中小学民族教育工作先进集体""上海市三八红旗集体"。

(七) 创新教师教育机制,打造了一支追求卓越的"1+ X"型教师队伍

学校以"奠基未来"理念为引领,积极改善教师专业发展的教育生态,实施教研学训一体化,形成了具有"开放、扩展、协作、动态"特征的教师教育机制体系。学校从专业引领、目标导向、问题解决、课程建设、经验分享、表彰宣传等维度构建形成 40 余门教师专业发展课程。成立教师沙龙,推进全员发展;细分骨干教师类别,促进多元个性发展。学校被评为上海市优秀教师专业发展学校。

据不完全统计,近几年,学校教师获得国家级奖项 52 项,市级奖项 123 项,区级奖项 202 项,研究氛围浓厚。学生积极参与各级各类比赛,获得国家级奖项 117 项,市级奖项 559 项,区级奖项 709 项,成绩斐然。学校在教育改革中卓有成效的探索,引起多方媒体的关注。《上海教育》《新民晚报》《东方教育时报》《中学生报》《杨浦电视》等多家媒体对学校的改革探索与特色发展进行了报道,社会反响良好。

二、面临的主要挑战与困难

面对普通高中转变育人方式和国家新课程新教材实施要求,学校需要积极应对以下挑战,落实立德树人根本任务。

(一) 课程体系有待优化

要进一步加强基于核心素养的发展、面向人人、五育并举的课程体系建设,突出德育、劳动教育,强化学生发展指导课程、跨学科融合课程、综合实践活动课程的开发,提升选修课程的丰富性和课程品质,凸显科创教育特色。

(二) 教学方式有待进一步转变

需要进一步探索"以学生的学"为中心,基于课程标准,指向学科核心素养,信息技术与教学深度融合的教学模式,建立与学科核心素养发展匹配的深度学习方式,以及配套的课程组织形式与管理制度,推进大规模因材施教。

(三) 教育评价研究有待加强

学业质量标准体系尚未完全建立。基于信息平台的学生综合素质评价需进一步丰富,优化数据类型和采集方式,形成全面性、过程性的学生数字画像。需要加强基于学业质量标准的考试命题研究,突出立德树人导向,以评促教,实现教、学、评一致。

(四) 学生发展指导有待完善

要进一步总结"1+3"辅导员制的经验,全面推进全员导师制。加强与家庭、社区、高校、企业的合作机制建设,形成育人合力,为学生提供丰富的实践体验场所,指导学生理性选课、选专业,做好生涯、学涯和生活规划。

(五) 师资队伍整体素质有待提高

要进一步加强高端教师精准培养,提升教师的专业影响力。进一步拓展教师专业发展的途径,提升教师的学生发展指导能力,搭建多样化平台,健全保障机制,通过骨干引领、示范,带动全体教师发展。

(六) 教育信息化保障能力有待加强

要加快推进教育信息化2.0工程,增强网络保障,提升教师信息化教学与应用能力。

第二部分 总体要求

一、指导思想

坚持以习近平新时代中国特色社会主义思想为指导,依据国务院办公厅《关于新时代推进普通高中育人方式改革的指导意见》(国发办〔2019〕29 号)、中共中央办公厅与国务院办公厅印发的《关于深化新时代学校思想政治理论课改革创新的若干意见》《中共中央国务院关于全面加强新时代大中小学劳动教育的意见》、教育部《关于做好普通高中新课程新教材实施工作的指导意见》(教基〔2018〕15 号)、《普通高中课程方案(2017 年版 2020 年修订)》等文件,深入贯彻党的十九大精神,全面贯彻党的教育方针,落实立德树人根本任务,全面落实新课程新教材的理念和要求,推动高中育人方式的改革,全面提高教育质量,培养具有国家意识、国际视野、未来观念、核心素养的社会主义建设者和接班人。

二、工作目标

(一)总目标

进一步转变教师教育理念,提高教师专业素养,构建智慧学习环境,优化核心素养导向的课程体系、组织管理体系、教学体系、评价体系、教研体系和保障体系,转变育人方式,形成信息技术与教学深度融合的有效做法和经验,明晰"国标导航、上海领先、全国示范"的新课程新教材实施路径,创建优质特色高中,培养国家需要、面向未来、全面而个性发展的学生。

(二)具体目标

1. 优化五育并举与特色彰显的育人课程体系,明晰新课程新教材实施路径,落实新课程新教材理念,推进德智体美劳全面协调发展育人目标的实现。强化校本课程建设,凸显人文与科技并重的特色。

2. 完善适应育人方式转变的课程组织管理制度、学生发展指导制度、校本教研制度,引导和促进学生全面、自主、个性发展。

3. 优化数字化教学与管理平台,以丰富、智能、个性、高效、灵活的资源、工具、方式支持育人方式和教学方式的转变,提高教学管理效能。

4. 形成核心素养+深度学习导向的线上线下融合教学新模式,探索人机协同,提高教学的选择性、精准性和泛在性,促进学生形成和发展核心素养。

5. 完善学生综合素质评价体系,推进育人方式的转变,发展素质教育。为学生适应社会生活、接受高等教育和未来职业发展做好充分准备。

6. 创新校本教研制度,建设一支胜任智慧教育、面向未来的教师队伍,全面提升教师队伍的课程领导力与信息化教学与应用能力。

三、基本原则

(一) 育人为本,注重实效

遵循教育规律和学生成长规律,把科学的质量观落实到教育教学全过程,夯实学生成长的共同基础,满足学生个性成长需要,进一步提高学生综合素质,着力发展核心素养。

(二) 基于标准,有序推进

按照"双新"实施标准和新课程标准,结合学校办学实际和特色,有计划、分步骤、积极稳妥地推进"双新"的实施。

(三) 坚持创新,内涵发展

把"双新"实施作为学校系统变革的抓手,全面促进学校治理创新、教师理念转型、学习环境创新和技术应用创新,促进课程教学的变革,学生学习方式的转变。

(四) 完善机制,强化保障

建立健全组织领导、系统培训、示范引领、监测督导等工作机制,完善师资配置、专业研究、设施配备等保障机制,为"双新"的实施提供有力支撑。

四、建设思路

(一) 统筹设计推进

一体化推进国家级示范校建设与上海市优质特色高中创建工作,结合学校办学目标,确立示范校建设目标。

(二) 坚持问题导向

注重实践研究,整体规划,协同推进,分步实施,全面落实。

(三) 加强专业引领

运用项目实施,勇于开拓创新,着力破解新课程新教材实施过程中的重难点问题,着力探索形成系列专业化问题解决方案,发挥好示范引领作用。

第三部分　建设任务

在学校发展"十四五"规划中将"双新"实施作为核心内容加以推进。围绕"智慧学习环境支持的学科核心素养培育实践研究"实验项目,以"双新"实施为契机,以学科核心素养培育为目标,持续优化学校课程体系,探索线上线下融合的教学模式,运用信息化手段改革评价方式和方法,创新校本研修机制与方式,全面提升教师课程领导力,落实新课程新教材的理念、内容和要求,促进学生综合素质的提高及个性发展。

一、建设完善五育并举、面向未来的课程体系

(一) 建设目标

明确必修、选择性必修和选修三类课程的性质与功能,以学生发展核心素养、学科核心素养的形成与发展为目标,严格执行国家新课程,有机融入学校特色课程,重构"立德树人、适合人人、五育并举、迭代发展"的学校课程体系,体现人文性、全面性、实践性、特色性和发展性。

(二) 工作举措与实施步骤

1. 整体规划学校课程体系,优化课程结构。(1)重组课程领域:按照德、智、体、美、劳五大领域进行梳理和优化,形成学校课程规划,落实国家育人目标的同时兼顾学校历史和特色(项目1-1)。(2)调整课程维度:为满足学生多元化、个性化的发展需求,适应社会、高考选科和生涯发展需求,对学生课程进行特色分类组合,为不同发展方向的学生提供适合的系列组合课程(项目1-2)。(3)规范课程实施:研究、构建具有校本特色的国家课程校本化实施方案,规范使用审定教材,充分挖掘新教材育人价值,编制学年课程计划,合理安排课程开设学期、课时和师资,形成符合学生发展需求、教学效益最优、又有一定弹性的课程结构(项目1-3)。

2. 加强德育课程、思政课程、劳动教育、跨学科课程、综合实践活动课程、生涯发展、低碳等重点领域及人工智能等科创特色领域的实践探索,把"立德树人"融入教育教学各环节,形成特色校本课程。(1)加强信息技术与德育的融合,开发"晓德助手"应用程序支持的"梦想教育"课程,将德育、生涯教育和劳动教育有机融合,引领学生学有榜样、学有目标、学有动力(项目1-4、重点突破项目1、5)。(2)加强劳动教育课程建设,实施模块化教学。采取积分制,打通校内外劳动教育通道(项目1-5)。(3)加强跨学科课程、综合实践活动

课程建设和项目化实施,着力打造依托同济大学开发的,点、线、面结合的低碳和人工智能课程,培养学生的生态素养和智能素养(项目1-6、重点突破项目5;项目1-7、重点突破项目5)。

3.加强课程实施方案的编制,推进课程落地落细落实。(1)编制学期课程纲要。组织教研组精研新课标、新教材、学情和课程资源,确定校本化的学期课程目标。以国家课程标准为依据,加强国家统编教材和非统编教材特点研究,进行针对性实施。根据学期课程目标和学科学业质量标准,借助信息技术,完善全面反映学生素养的评价体系与方式(项目1-8)。(2)聚焦学科核心素养和深度学习开展大单元教学设计。形成基于大观念、大问题、大任务、大项目的单元设计策略、模板与规格。基于单元设计的课时计划中,以逆向设计为指导,关注学习任务设计,加强学法指导,强化学后反思(项目1-9)。

(三)预期成果

1.学校课程规划与年度课程计划。

2.形成德育、大中小思政贯通培育、劳动教育、跨学科课程、综合实践活动课程、在线课程、互联网+生涯发展、人工智能等重点(或特色)课程方案和典型案例。

3.各学科学期课程纲要与单元计划、课时计划等一系列课程实施文本及编制指南。

二、健全适应"双新"实施的课程组织管理制度

(一)建设目标

优化选课指导制度、走班管理制度。试行网班,创新教学组织形式和运行机制。完善学分认定和管理,健全学生发展指导制度,满足学生个性化学习需求,体现规范性、适切性、引导性和激励性。

(二)工作举措与实施步骤

1.系统设计和推进选课走班。整体规划三年课程安排,合理排课编班和安排教学计划,确保三类课程结构合理,学生负担合理。优化信息化排课系统(项目2-1)。优化选课指导,指导学生形成个性化的课程修习方案(项目2-2)。完善走班教学工作方案,有序开展选课走班教学(项目2-3)。试行网班,基于数据进行分类分层的网上选课走班(项目2-4、重点突破项目3)。

2.完善学分认定和管理。根据新课程方案修订学分认定和管理办法,指导教师、学生和家长合理规划高中学程(项目2-5)。修订学生免修、免考制度,倡导学生自主规划,主动学习,在确保底线的基础上增加其个性发展的时间与空间(项目2-6)。完善信息化教学管理

平台赋分、提示功能,帮助学生及时调整学习进程(项目2-7)。

3. 加强学生发展指导。健全学生发展指导制度,强化家校合作共育机制,丰富学生发展指导途径。引导学生提高生涯规划能力和自主发展能力,理性确定选考科目和选修课程,引导家长正确对待、共同参与(项目2-8)。配备学生发展专职咨询师,完善"1+3"辅导员为核心的全员导师制(项目2-9)。

(三) 预期成果

1. 学校课程手册。
2. 学生选课选专业指南。
3. 学分认定和管理办法;学生免修、免考制度。
4. 信息化平台支持的排课系统、选课指导策略与案例。
5. 学生发展指导制度;"1+3"辅导员为主体的全员导师制。

三、深化学科核心素养导向的教学改革

(一) 建设目标

依托新课程新教材,推进深度学习、信息技术与教学深度融合。建立支持个性化学习的融合心理环境、物理环境与虚拟环境的智慧学习环境与保障系统,关注学生的情感交流、学习风格、思维特征,发挥人机协同、时空贯通和数据挖掘的优势,体现人文性、选择性、泛在性和精准性。加强基于课程标准的教、学、评一致性研究与实践,形成支持高中生个性化学习的模式与路径,实现互联网+教学升级。

(二) 工作举措与实施步骤

1. 结合慧学课堂研究,开展大单元、主题式教学,深化基于学科核心素养的深度学习,提高课堂教学效能(项目3-1、重点突破项目2)。(1)加强对新教材和学历案编制的研究,将教材内容进行条件化、情境化和结构化处理,构建真实情景和真实任务,加强学科和社会、自然、科技前沿的关联,提升学生的兴趣;供给拓展资料,服务学生差异化学习(项目3-2、重点突破项目2)。(2)课前、课中和课后,增加师生、生生之间交流、探讨的时空,鼓励学生质疑,指导学生利用学习工具,将知识结构化,进行自我反思和合作反思,促进深度学习。(3)探索学科典型的深度学习方式,促进学习方式与学习目标的高匹配。

2. 推进"以学生的学"为中心的在线课程内容建设,推进因材施教(项目3-3、重点突破项目2)。(1)完善平台已有和在建习题、微辅导等学点关联,丰富基于学科知识图谱和学生学点的教学、练习与评价资源库建设。(2)推进线上练习,积累有效学点数据,并加以研究、

分析、梳理，形成典型学习问题资源库，提高平台推送资源的精准性，提高教学、辅导的有效性。（3）基于学点分析，补充、拓展、完善学习资源，促进和支持学生自主学习，形成自适应学习模式。

3. 加强心理环境、物理环境与虚拟环境有机融合的智慧学习环境建设，形成开放、多元、灵活、丰富、创新的学习环境，提供多样的学习资源、技术与工具，支持学生的自主、个性化学习。（1）加强对学生多元智能、学习风格和职业倾向等的测试，帮助学生和教师更好地了解自己、了解学情，配以更适合的学习资源、学习方式和教学指导，获取最优学习效果（项目3-4）。（2）提高学校传统实验室、创新实验室、学科教室、公共自主学习空间等不同学习空间的利用率，精研课程内容，改进和丰富教学方式，加强教学评价，促进学生自主、探究、合作学习，提高学科核心素养（项目3-5）。（3）在推行学生手机使用承诺制和加强护眼等健康教育的基础上，引导学生合理利用手机、平板电脑，及学校提供的电脑及其他网络学习工具，开展线上学习，形成线上线下融合的学习模式（项目3-6）。

4. 建构线上线下融合式教学模式。发挥不同教师专长，形成多样有效的教学与辅导模式。（1）根据不同学科的特点，研究适合线上、线下教学的教学内容，教学、作业、测评与辅导方式，以及时间安排、管理方式，形成便学利教、效益最优的线上线下融合教学模式（项目3-7、重点突破项目2）。（2）根据不同教师的特点，发挥每位教师的专业优势与特长，探索"主讲＋助教"的双师课堂，形成团队合作推进线上线下融合的教研和教学模式（项目3-8）。

5. 开展单元教学视域下的作业设计研究与实践，使作业成为衔接课堂的纽带，建立学生自主学习、深度学习的平台（项目3-9）。（1）基于学科核心素养的整体性特点，进行单元作业的整体设计，关注学生情感、态度和价值观，探索综合性长作业设计，并嵌入表现性、过程性评价。（2）探索跨学科课程的项目化作业设计。（3）探索开放性、合作性、自主性作业设计，基于学生学习风格的差异，设计差异化作业。

（三）预期成果

1. 大单元教学设计案例。
2. 基于单元的学科典型深度学习方式及课例。
3. 电子化学历案的编制与应用。
4. 基于知识图谱和学点关联的高质量在线教学资源。
5. 智慧学习环境建设策略与应用案例。
6. 基于"核心素养＋深度学习"的线上线下融合式教学模式和教研模式。
7. 单元教学视域下的作业设计研究与实践。

四、深化教学与考试评价改革

(一) 建设目标

探索基于学业质量标准的教学评价,运用信息技术加强课程评价工具研究,将量化评价与质性评价相结合,表现性评价与终结性评价相结合,形成宽、深结合,立体而多向度的评价体系,体现全面性、过程性、激励性、诊断性和调控性,促进学生的综合素质发展。

(二) 工作举措与实施步骤

1. 研制基于学科学业质量标准的评价指标体系,指导教学、评课和命题(项目4-1)。

2. 积极发挥教学评价的积极功能,探索基于课程标准的教、学、评一致性研究与实践。(1)对课堂教学目标进行合理分解,采取小步子、分段聚焦目标进行课堂教学、练习和测评,及时获取学生反馈,调整改进教学(项目4-2)。(2)创新试题形式,注重联系社会生活实际状况,加强试题情境化设计,考查学生运用所学知识分析问题和解决问题的能力。通过创新试题形式,加强线上考试的信效度(项目4-3)。(3)完善纸笔考试、表现评价和过程数据有机结合的评价方式,特别是加强表现性评价的设计与过程数据的全面收集,更全面地反映学生的学科核心素养,加强诊断性评价,促进师生及时反馈调整(项目4-4、重点突破项目4)。

3. 基于学科知识图谱和学生反馈学点,形成可监控、可测评的学生学习状况数字评价系统。开展基于数据的发展性诊断,不断优化学习资源供给与教学方式,提高教学成效(项目4-5、重点突破项目2、4)。

4. 优化"观课神器""微格研课"等信息化课堂观察与评价工具,加强课例研究,运用数据和学习分析技术,增强教师运用数据进行教学分析与评价、改进的能力(项目4-6、重点突破项目4)。

5. 基于信息平台完善学生个性化学业档案。运用数据采集、分析等技术,记录学生学习经历、教师评价与指导、学生评价与反思,形成全面、动态的学生个性化数字画像(项目4-7、重点突破项目4)。

(三) 预期成果

1. 基于学科质量标准的评价指标体系。
2. 数字化自主学习评价系统。
3. 信息化课堂观察与评价工具。
4. 数字化学生成长档案平台。
5. 基于课程标准的教、学、评一致性策略与案例。

五、推进"双新"实施的教师队伍建设

(一) 建设目标

将理念、理论培训和实践、操作培训相结合,专家培训、同伴互助、个人研修相结合,全员培训与分层分类研修相结合,创新校本教研方式,组织专题研修、项目攻关,全面提升全体教师的课程领导力、基于新教材的教学融合能力、信息化教育与应用能力。探索跨学科、跨校联合教研,以及与高校、企业、社区、家长等的合作研究机制。

(二) 工作举措与实施步骤

1. 高端教师精准培养研究。进一步评估、明确正高级教师、特级教师、区学科教学名师、学科带头人等高端教师培养对象和需求,搭建平台,分阶段推进、落实高端教师精准培养方案(项目5-1)。

2. 青年教师专业化成长机制研究。基于问题导向、需求导向,开展以规划引领、项目驱动的青年教师培养研究,优化动力机制、运行机制、评价机制和保障机制,促进青年教师快速成长(项目5-2)。

3. 基于信息化平台的专业学习社群实践研究。利用多样的信息平台,引进校内外资源,开辟线上线下交融的用于学习、研究、分享的教师学习社群,拓展教师视野,强化教师专业发展的意识、动力,提高创新思维和创新创造的能力(项目5-3)。

4. 促进"双新"实施的校本教研机制与方式创新。指导教研组制定基于学科组的校本教研三年实施方案。各职能部门按照学校"双新"实施三年规划和各年推进计划,制定各部门校本研修计划并经学校审定后严格实施,有效落实校本研修制度,创新研修方式,加强过程反馈和改进优化,提高研修成效。通过项目化、过程化和成果化的方式推进重难点的突破(项目5-4)。

(三) 预期成果

1. 形成一批在市区有影响力的优秀教师。
2. 形成基于信息化平台的专业学习社群实践研究报告与案例。
3. 形成教师教育创新机制与模式。

六、深化依托大学和引领联盟共育创新人才的机制建设

(一) 建设目标

充分发挥依托同济大学的优势,以及同育创新素养教育联盟引领校的作用,与高校、

联盟校形成紧密合作的发展共同体,获取高校政策、人才、课程、资源、平台等全方位的支持;通过人工智能创新实验班、苗圃计划、大中小思政贯通培育等项目,探索拔尖创新人才选拔、培养机制与方式;结合综合课程建设,创新思维培养,深化大中小贯通培养创新创造人才的路径。

(二) 工作举措与实施步骤

1. 重点打造人工智能创新实验班。依托同济大学专业力量,合作开发具有引领性的人工智能课程,探索智能素养培育方式。通过学生选拔、课程与教学、评价与管理的系统变革,形成创新人才培养的新路径,实现减负增效(项目6-1)。

2. 持续推进高校体验/先修课程建设。与同济大学相关学院合作,开发适合高中学生的大学体验课程,优化培养方式,提高培养成效,为高校输出更多的创新人才(项目6-2)。

3. 积极探索大中小思政贯通培育。与高校合作,在大中小思政贯通培养的课程融合、学段衔接,相关机制、途径、方式、评价,以及教师培养等方面展开探索,形成思政素养"跨学段"、一体化培育的有机整体(项目6-3)。

4. 深化同育联盟建设。依托同济大学和信息化平台,与联盟内16所高中、初中、小学深化课程共建、资源共享、教研共创、人才同育的创新人才培养实践研究(项目6-4)。

(三) 预期成果

1. 大中小思政贯通培育模式。
2. 大中小贯通培养创新创造人才的机制与策略。
3. 基于高校—中学深度合作的高中办学创新模式。

七、注重经验与成果的提炼,发挥示范引领作用

(一) 建设目标

在专家指导下,形成可借鉴、可推广的区域新课程新教材实施的经验做法和典型案例,利用市、区"双新"示范平台,同济大学基础教育集团及同育创新素养教育联盟,通过多种方式和途径进行"双新"示范。

(二) 工作举措与实施步骤

1. 推广区域共享的选修课程。除了已有的17门市级慕课,学校还着力打造生态素养、智能素养、创新素养为核心的低碳、人工智能课程和创新实验室系列、4C国际课程。通过线上为主、线下为辅的方式向区域学生开放(项目7-1)。

2. 开发"双新"实施教师研修课程。力争在专家指导下,聚焦信息化时代的德育、课程、教学与教研,开发 2—3 门区域共享课程(项目 7 - 2)。

3. 线上线下结合帮扶对口学校(项目 7 - 3)。

4. 向全国推广辐射新经验(项目 7 - 4)。

(三) 预期成果

1. 出版"双新"实践研究成果。

2. 形成一批有质量的学生共享选修课程、教师研修课程,引领学生、教师的发展。

3. 推广学校自主研发的信息化教育与管理平台,共享课程与教研资源,共创新教学新教研模式,让更多学校、学生和教师受益。

第四部分　重点突破

围绕"适合每个人的高中教育"项目,以学生的学习为中心,聚焦学生核心素养培育,建设以整体性、智能化系统为载体的智慧学习环境,激发学生学习的动机、潜能,服务学生的个性化学习,形成以"高参与""陪伴式"为特征的信息时代育人模式、以"个性化""多样化"为特征的线上线下融合教学模式、以"高选择""泛在性"为特征的"网班"教学组织形式、以"多元性""过程性"为特征的学习评价、以"生态化""智能化"为特征的引领性校本课程体系。

一、形成以"高参与""陪伴式"为特征的信息时代育人模式,关注生涯规划,立德树人

(一) 拟解决的问题

关注高中新课程新教材背景下的生涯规划新导向,注重信息技术在育人价值上的新探索,落实立德树人的根本任务。高中学生处于人生观、价值观、世界观形成的关键时期。互联网、人工智能等科技的飞速发展带来社会的重大、快速转型,全球化、价值多元、技术迭代,容易造成学生精神追求和信仰的缺失,使其缺失学习目标和动力,甚至沉迷手机、游戏,迷失于网络庸俗文化中。另一方面,学校对学生使用手机的高管控,限制了手机等网络技术育人功能的开发,人为割裂了学校生活与现实生活的联系,不利于学生的主动学习和自主管理。

(二) 研究目标

将信息技术与德育相结合,加强对学生的思想引领、价值引领,形成信息化时代的新型

育人方式。开发手机、网络德育功能，探索学生参与的、过程化、陪伴式德育方式，引导师生、家长理性看待和利用手机、网络，让其成为育人工具，成为学生成长的精神导师，培养学生的诚信和契约精神。通过"重要他人"，加强生涯导航，唤醒学生内在的认知，充盈学生精神世界，激发学生志趣能，使学生树立远大目标，坚定理想信念，更加自信、自主、个性地发展。

(三) 研究内容

1. 研究"梦想""重要他人"对学生成长的影响。

2. 调查曾经影响过学生的"重要他人"。

3. 开发"晓德助手"应用程序，建设"未来你想成为怎样的人？"梦想教育课程，引导学生识别"重要他人"，并将他们对自己的影响转变为成长的动力。以各行各业的榜样作为引领，拓展五育，特别是德育和劳动教育空间；建立生涯导航系统，激励学生找寻梦想、追逐梦想。同时，鼓励学生努力成为积极影响他人的"重要他人"。

4. 借助学生学科素养、心理分析、在校行为等数据进行分析，帮助学生了解自己的个性、潜能、学习风格、职业倾向，正确认识和评估自己，明确"成为怎样的人"的目标。

5. 通过"晓德助手"应用程序整合校内外资源组建"同类榜样社群"，开展网络结对，向学生智能推荐"成为目标榜样"所需的特质和丰富多样的场景、资源，通过进阶式学习，激励学生树立理想信念，并通过体验不同行业的特点及对应高校专业需求，形成对未来职业发展的理性认知和当下学习的强烈动机。

6. 提供线下交流与实践体验场所，让学生对社会、职业有更感性的认识和理性的思考，合理进行生涯与学涯规划。

7. 系统实时记录学生学习心理、行为变化和学业进步，提供同伴互助和教师引导，增强学生行动力和反思力，形成个性化学习足迹和过程性评价，促进学生持续发展。

(四) 研究方法

运用教育学、社会心理学原理和现代信息技术，采取文献研究、调查研究、案例研究、经验总结等方法。

(五) 创新之处

引导学生合理运用智能手机，弥补课程、教材德育功能的不足。形成手机＋陪伴式德育新模式，打破地域、时间的限制，拓展育人空间。

(六) 预期成果

1. 信息时代育人新模式。

2. "晓德助手"应用程序与在线德育课程资源库。

二、形成以"个性化""多样化"为特征的线上线下融合教学模式,创新教育与学习方式

(一) 拟解决的问题

新高考已经发生了从知识立意到能力立意,再到素养立意的转变。而传统课堂教学由于时间、设备、资源、技术和工具的有限性,难以向学生提供丰富的、情境化的学习场景和任务,学生难以把符号世界和生活世界有机关联,学习被动、学习方式单一,难以做到举一反三,融会贯通,容易造成高分低能、有分无德、唯分是图,已无法适应教育发展的新要求。

(二) 研究目标

基于学科核心素养和深度学习,利用互联网、AR、VR 等现代信息技术,创新资源形态(文字、图像、视频模型、数据集等),探索构建多维度的、复杂的、有针对性的情境,提供多结构、多路径的组织方式,使学习内容与生活实际密切联系,为学生提供生动、直观、富有启发性、针对性的学习材料。通过任务或问题引导学生积极参与探究、合作,促进高认知、高投入,形成自己的主观体验经历,学会在真实情境中解决各种实际问题,习得单元所包含的知识、学科思想和实践模式,提升反思能力。

(三) 研究内容

1. 深入研究"核心素养+深度学习"导向的大单元备课,将教材内容转变为教学内容。找寻学科核心素养、课程内容和现实情境之间的结合点,通过增、删、改、整、组,将知识条件化、情境化、生活化、结构化,构建适合线上呈现的真实情境和任务。

2. 运用信息技术建构多维度的、联系生活实际的情境与任务,并与学科核心素养对应的学科典型学习方式匹配。探索设计多样化的情境,开发个性化的学历案、练习、测评等,满足不同学习风格、潜能、性向、偏好的学生的需求。

3. 运用电子化学历案,引导学生学习并记录学习过程;运用线上互动性的探究工具指导学生讨论、分享,将知识结构化,促进学生核心素养的形成与发展;设计反思支架,指导学生开展自我反思、合作反思,形成学习-反思日志。

4. 开展以学生的学为中心,基于知识图谱和学点关联的教材、学材与学法研究,利用大数据分析找寻学生学习的知识、技能、思维和情感的优势领域与障碍点、盲点,优化"微辅导"等功能,提升平台智能化水平,精准匹配和推送学习资源,服务学生的个性化学习。主要包括:建立典型问题数据库;开发配套的学习、练习、测评资源库与导学指南;形成基于信息平台"支持""评价"功能的自适应学习模式。

5. 探索有利于发挥不同教师专长、多样有效的课堂教学与辅导模式,使优秀师资和优质教学资源利用效率最大化。

(四) 研究方法

运用教育学、学习科学原理和现代信息技术,采取文献研究、调查研究、案例研究、实证研究、经验总结等方法。

(五) 创新之处

形成信息技术支持的、"真实情境、真实任务设计为中心"的大单元设计与深度学习的学科核心素养培育模式。以"学生的学为中心",从"关注教"到"关注学",推进数据支持的以学定教、融评于教。构建有效的线上线下融合教学模式,形成新型教学模式下的教师角色定位与专业发展路径。

(六) 预期成果

1. 信息化视域下支持学科典型学习方式的真实情境、真实任务设计策略。
2. 电子化学历案与反思日志的设计指南与应用案例。
3. 基于知识图谱和学点关联的数字化学习资源平台建设指南。
4. 基于信息平台"支持""评价"功能的自适应学习模式。
5. "核心素养＋深度学习"导向的线上线下融合教学模式。
6. 线上线下融合教学模式下的教师角色与功能。

三、形成以"高选择""泛在性"为特征的"网班"教学组织形式,构建新型学习共同体

(一) 拟解决的问题

走班制教学赋予了学生课程选择权,体现了学生的主体地位,克服了固定班级授课制的不足。但目前的走班制教学还没有脱离传统的教学模式,大部分课堂仍然处于教师的高管控之下,机械、呆板,难以真正激发学生的兴趣,满足学生的个性发展需求。学生自我认识还不够完善,选课还带有一定的盲从性,也无法选择教师。很多学校的师资、硬件设备设施难以支持走班教学取得预期成效。

(二) 研究目标

通过实施基于数据的"网班"教学,激发学生的学习动机,给学生更多自主学习与个性发

展的空间,促进学生因需而学、主动学习、与他人良性竞争和交往;促进教师应用信息技术提高因材施教的能力,为学生提供更合适的教学指导与陪伴关心;促进教师相互学习,提升专业素养。

(三) 研究内容

1. "网班"的组建方式。初步设计为:电脑选学生、学生选教师、教师选内容。即数据编班,精准推送;学生自主,教师助学;数据分析,精准诊导。数据包括学生的学习态度、学习基础、学习习惯、学习兴趣、学习风格、思维方式、参与度、学习能力等。

2. "网班"的类型与教学方式。初步设想为:一是分层型"网班",根据平台数据自动组建年级 A、B、C 三种水平的"网班"。学生进入"网班",根据教师提供的学习资源进行自测、自主学习和练习、评估。教师根据学情,进行助学指导、作业辅导。二是分类型"网班",学生可以根据兴趣爱好、生涯目标,跨年级选择选修课程和任课教师,通过自主学习、同伴交流、教师点拨进行学习。

3. "网班"评价与管理机制。为了更好地激励学生,满足学生学习需求,拟实行"网班"流动机制,动态管理。分层型"网班"根据学生学习情况,每半个学期自动生成新一轮"网班"名单;分类型"网班"根据课程学分、课时设置和教师配置,随开随选,随选随学,在考核合格后获得相应学分,若考核不合格不计学分,可以进入下一轮学习。

4. "网班"教学时间。初步设计:"网班"全天开放,方便学生利用课余时间学习。采取师生双向预约制,在学校或者家中接受教师指导。

5. "网班"配套支持系统。为配合"网班"实施,学校提供高中三年及各学年的选修课课表、课程简介与学分、任课教师简介,结合学生发展指导工作,指导学生做好学习规划、实施与调整。

(四) 研究方法

运用教育学、心理学原理和现代信息技术,采取文献研究、调查研究、案例研究、经验总结等方法。

(五) 创新之处

开创信息技术支持的教学组织新形式,以行政班为主流、配合走班,辅之以"网班",综合发挥三种教学组织形式的优势,最大化地推进学生的自主学习、个性发展。

(六) 预期成果

1. "网班"编排、运行、管理与评价模式。
2. "网班"模式下的自主学习模式。

四、形成以"多元性""过程性"为特征的学习评价，无感知的素养评价

（一）拟解决的问题

由于信息反馈的有限性、分散性和滞后性，当前的学校教育教学管理与决策中，系统性、精准性和及时性不够，基于整体性、过程性数据的诊断性评价尚处于起步阶段。学校的管理、教师的教学，很大程度上还停留在经验阶段；学生的学习，更是缺乏及时的检测、诊断与整体性、发展性、个性化的指导，难以支持学校对教师教学的科学指导，以及师生对教学目标、内容、进程的科学规划与自我调整，难以达成教、学、评的一致性。

（二）研究目标

运用智能感知、数据采集、学习分析等技术，优化学校的信息化评价与管理系统，形成基于统一的数据标准、应用规范搭建的一体化、整体性的教育数据仓储，用统一的身份验证在统一的平台架构下共享智能化校园管理和教育服务。平台提供开放性的应用环境、适应性的学习支架、多样化的诊断报告和自动化的再评补救措施，为学校管理、教师教学与学生学习提供全方位、精准化、个性化的服务与指导，实现个性化的"教、学、评"一致性。

（三）研究内容

1. 探索智能化学习测评与评估。基于学科学业质量标准，通过单元、课时目标和任务或问题的分解与设计，在课前、课中、课后，利用系统平台对学生学习进行嵌入式或伴随式的反馈、评价或诊断。充分运用线上线下融合的方式，采用知识图谱、人工智能等技术方式，使得学生学习的过程性数据可采集、可建模、可视化，基于数据的及时反馈，促进教学流程再造与内容重组，为学生提供具有实质性内容的反馈、指导建议，激发学生的学习兴趣与动机，提高学习效果，形成课堂教学预设与生成的有机统一，实现个性化的"教、学、评、导"一致性。

2. 完善基于平台的学生个性化学业档案，将指向核心素养的纸笔考试、表现评价、过程数据进行整合，形成全面反映学生学科核心素养的、过程性的、多元性的诊断与指导报告，与终结性评价结合，推进学生的综合素质评价。

3. 提升教师因材施教的能力，实现基于数据驱动的、大规模、常态化、个性化新教学，给予学生更有针对性、人文性的学习支持与关怀，切实减负增效。提高教师教学与学校管理的科学性、精准性、动态性。

4. 依托信息平台，通过问卷、访谈、课堂观察、学习记录、答题痕迹、教研记录、工作日志等方式，采集学校管理、课堂教学的有效数据，形成管理数据库。

5. 深化数字化学校管理服务。完善并推广"选课走班""教务管理""听课教研""成绩分

析""后勤服务""安防服务"等一系列功能,提高管理效能。

(四) 研究方法

运用教育学、课程与教学理论、管理学原理和现代信息技术,采取文献研究、调查研究、案例研究、经验总结等方法。

(五) 创新之处

形成整体建构的、多元化、过程性的信息化管理与评价系统,促进"教、学、评"的一致性,提升学校管理与决策的科学性、精准性与及时性。

(六) 预期成果

1. 智慧学习环境建设策略。
2. 一体化、集成性的信息化管理与评价系统。
3. 过程性评价的设计策略与实施案例。
4. 基于信息化评价与管理系统的"教、学、评"一致性的实现策略与实施案例。
5. 基于信息平台的学生综合素质评价系统。

五、形成以"生态化""智能化"为特征的引领性校本课程体系,共创开放灵活的教育生态

(一) 拟解决的问题

国家课程体现国家意志,统一教育标准,但无法完全适应地方社会生活和社会发展需求的实际变化以及各地方、各学校的实际状况,更难以照顾不同学习者的背景及特点。现有校本课程在课程设置的丰富性、内容的时代性、实施的灵活性、受益者的普惠性,以及学生的参与性和创造性,凸显学校办学特色方面,尚有较大提升空间。

(二) 研究目标

构建核心素养导向、信息技术支持、充分依托区域课程资源,具有校本特色,体现社会、科技与国际发展趋势,充满活力的选修课程体系,增强时代性、选择性、关联性、互动性与共享性,优化实施、评价与管理方式,促进学生的个性发展(终极目标)、教师的专业发展、学校的优质特色发展。

(三) 研究内容

1. 着眼于激发、培养学生的兴趣爱好,发掘学生的潜能,提高学生的发展性学力,不断优

化和完善校本课程结构。形成以"梦想教育"为特色的德育与生涯课程,以同济大学为依托的体验课程,以低碳和人工智能为核心的创新实验室课程,以"四大节"为代表的校园节庆课程。

2. 重点打造梦想教育、低碳生态和人工智能课程,依托同济大学、创新实验室和信息技术,开辟企业实践基地,培育学生应对未来不确定挑战的核心价值观、必备品格和关键能力,特别是创新思维、创造与实践能力。

3. 着力开发跨学科课程。注重现实情境下真实问题的研究与解决,强化学科核心概念及学科间大概念的联系,关注学生高阶思维能力的培养,形成真正在思想和方法上整合的跨学科课程及其有效实施模式。

4. 探索特色校本课程的线上设计、实施、评价与推广。

(四)研究方法

运用教育学、课程开发理论和现代信息技术,采取文献研究、行动研究、案例研究、经验总结等方法。

(五)创新之处

形成信息技术支持下,依据学校教育哲学、社会、学生和学科发展需要,以及可能的课程资源,特色校本课程开发、实施的策略与机制,推进校本课程开发主体、实施途径和评价方式多元化,提升课程的选择性、多样性、实践性、辐射性和迭代性。

(六)预期成果

1. 信息技术支持下的特色校本课程开发、实施策略与机制。
2. 区域共享的梦想教育课程、低碳生态课程与人工智能课程。

第五部分　工作保障

一、组织领导

1. 校长室:主要职责是宣传动员,制定"双新"实施规划,组织全员培训,组建专家委员会开展专业指导,指导、组织、协调新课程新教材实施;构建过程管理与评估改进机制,指导编制学校课程计划,提供制度、人员、资源保障。

2. 科研室、教导处、政教处、校务处、内高处、总务处等中层管理部门:重点关注学科培训与专项研修,确定试点学科班级,建立教学管理制度、课程审议与评估机制、考试评价研究,以及信息平台与学习资源的建设完善,优秀经验、典型案例的提炼与宣传。

3. 教研组、年级组与项目组：主要承担学期课程纲要与单元设计编制、核心素养导向的线上线下融合教学模式的探索、课程资源建设、选修课开设、分类选课走班、学分认定与学生发展指导。

4. 专家委员会：主要从专业引领的角度，从"双新"政策、精神与理念，到学校规划、学校课程计划、学科课程标准转化落地、校本研修、信息技术、成果提炼等方面开展指导。

二、制度建设

1. 采取项目推进制，加强对重点项目的攻关研究。建立项目推进例会制度，确保"双新"有效转化与落地，加强阶段总结与反思改进。

2. 建立课程开发与审议制度，提高课程规划、建设、实施、评价的规范性和品质。

3. 完善"1+3"辅导员制为主体的学生发展指导制度，对学生的心理、思想、学业、生活进行全面指导，服务学生选课选考选专业。配备专职咨询师，强化其对学生学涯、生涯的重要指导作用。

4. 建立线上学习组织管理与评价制度，提高学生信息化应用能力，鼓励学生积极参与线上教学。

5. 建立"双新"推进机制，包括教学视导机制、专家引领机制、联合教研机制、共建共享机制、数据采集分析反馈机制和激励保障机制等，提高"双新"实施品质，凸显信息化特色。

三、队伍建设

1. 以校长为首的行政管理团队，做好规划、组织、协调与服务、保障，着力制度与机制建设，整体提升学校治理能力。

2. 项目攻关团队，对学校"双新"实施中的重难点问题进行集中攻关，及时总结试点经验并推广。

3. 以区学科带头人、骨干为核心的学科团队，发挥不同层次教师的优势，加强学习、教研、集体备课和课例研究，探索基于学科核心素养的课程建设、教学与评价改革。

4. 信息化教学与应用研究团队，进行教育教学信息化深度、创新应用的探索，培训全体教师和学生。

四、条件保障

1. 积极争取上级支持。与主管教育部门、教育学院和同济大学密切联系，争取得到"双新"示范校在政策、资金、人才、资源、专业等方面的支持。

2. 设立专项资金。支持教师开展教研、科研、教学实践、交流活动和设备添置等。

3. 加强专业引领和科研引领。依托高校和专业研究部门,发挥专家指导作用,通过专题培训、项目研究、校本研修等方式,强化骨干引领和团队建设,开展创新研究,为每一位教师赋能,加强过程督导与反馈改进,提升校长、教师的课程领导力和信息化教育与应用能力。

4. 优化数字化教学与管理平台,提升教师教育信息化素养。结合教育信息化应用标杆培育校建设和教育信息化提升2.0工程的推进,提升教育信息化的硬实力和软实力。

5. 搭建线上线下的交流平台。定期组织公开教学、教研论坛、教师培训,汇编优秀案例等成果,促进经验的交流分享,为每一位教师搭建展示平台,扩大影响力与辐射面。

6. 建立表彰激励机制。对在"双新"实施中表现突出的教师(团队)进行表彰,并在绩效考核、职务职称晋升中予以优先考虑。

第二节　上海市控江中学新课程新教材实施方案

第一部分　建设基础

一、已有改革经验与成果

(一) 初步形成学校可持续发展的改革赋能机制

一是依靠项目发力的学校办学革新机制。近六年来,学校围绕着教育综合改革、杨浦基础教育创新试验区建设等要求,相继申报了"上海市高中个性化学程和学分管理试验""上海市提升中小学课程领导力行动研究(第二轮)""上海市普通高中人文科技创新实验室建设与应用推进""上海市高中名校慕课""高中生社团管理课程化的实践研究(市级课题)""杨浦区普通高中走班制教学模式实践探索研究""杨浦区高中第三轮创新驱动特色发展""区域创新实验室联合运作体系建设"八个市区项目和课题,通过项目行动研究助力教育教学改革的机制,持续撬动学校发展的瓶颈,在课程建设、课堂教学、学习环境、学业评价、师资队伍诸方面不断优化办学质量,实现了改革转型的平稳过渡,通过教育共享持续辐射办学影响力。

二是依靠跨学段贯通的学生培养纵向机制。从2016年起,学校陆续与同济大学签订了"苗圃计划",与上海财经大学签订了"财经素养人才培养计划",启动了为复旦、交大输送人才的"英才计划"。同时,持续推进控江中学教育集团紧密型合作办学,通过"萌芽计划""种子计划""前滩计划"等探索初高中学生一体化培养、教师跨学段育人、精英学生科创素养培养等方面的可行经验和育人模式。由此,逐步构建了上通高等院校、下接集团校的"初中—高中—大学"贯通式培养机制。

三是依靠社会资源的协同共育横向机制。学校除了与各高校保持合作,还形成了与院所、场馆、社区、园区等的协同育人机制。这些合作为学校的教育教学改革提供了新视野、新路径、新空间、新资源。此外,通过参加上海市中学生创客教育联合体、跨省市教育交流项目、海外教育交流项目等,强化了办学横向协同联动,形成了资源整合、资源共享、资源辐射的办学格局。

(二)基本形成适应高考综合改革的学校组织管理

一是实施稳健的课程教学组织管理方式的转变。在历经 5 年的高考综合改革探索实践中,学校课程方案在确保开齐开足三类课程的基础上,尊重学生选科意愿,推行稳健的分科、分层、分类走班教学。在兼顾学生选科意愿和学业基础的同时,确保教学资源的公平配置。高一年级在课程安排上让学生完成初高中学习的过渡,各学科的课时安排按照教学计划设定;高二年级实施全员分科分层走班;在 6 门等级考学科中,对于物理、化学、政治、历史学科进行分科分层走班,对于地理、生物学科进行分科走班,推行满足学生所有分科组合的选科走班方案;高一、高二同步启动满足学生个性兴趣、优势发展的校本课程分类走班教学;高三年级按照学生选科重新分班,满足学生选科需求的同时,实现教学精细化管理。推行适应选科走班教学的学部制度,在教学实施上结合学部实际需求提供更加灵活的课程编排。课程在不同年级实施时,明确学习路径,控制进度和难度:高一年级为有效进行初高中衔接,要求"放慢脚步,降低难度,增强趣味";高二年级为了让学生顺利实现转型,缩小学习差距,要求"方法多一点,自学多一点,分层多一点";高三年级为了让学生不陷入疲于应付、顾此失彼的状态,要求"讲课不漫灌,作业不过度,考试不泛滥"。

二是建立个性化的学生发展校本指导范式。学校注重学生自主学习、规划能力的培养,除了安排固定的生涯辅导课程、职业巡礼讲座以外,还通过拓研课程的设置,让学生对相关的学科领域形成比较深入的认识,逐渐培养专业志趣。学校根据各个年级学生发展的需求,提供学生论坛、答辩交流、模拟面试等平台,积极联系高校探索合作培养模式,引进了专业模拟系统,为学生的自我定位和专业选报提供支持。2015 年起学校着手组建学生发展指导中心,在此基础上逐步建立我校学生发展指导体系。在学生发展指导的路径设计中,学校致力于为学生生涯发展中面临的各种选择性难题提供科学依据,也致力于营造真实体验的氛围,形成了一纵一横的指导范式,以高一选科指导、高二专业指导、高三职业导航为学生发展指导的纵贯线,以学生测评、生涯课程、导师辅导、体验活动为学生发展指导的横贯线,让学生在高中阶段对自己、对人生、对社会形成积极而理性的认识。

三是落实规范有序的综合评价改革方式。以激发学习热情、明确学习方向、提升学习成就感为宗旨,探索校本化的综合素质与核心素养评价方案,兼顾过程性评价和成果性评价,通过制定组织管理制度,规范综合评价实施过程,搭建信息化平台等举措,力求全面、全程、客观且人性化地记录学生个人成长的足迹,确保《控江中学学生综合素质纪实报告》客观、公正地反映学生学习成长经历。

第一,学校成立了"学生综合素质评价领导小组"。负责协调落实综合素质评价工作的组织、实施、管理和监督。

第二,学校拟定了"自主发展教育"理念下的学生综合素质评价框架,形成"四自"评估指标:自辨(自我觉察、决策力、批判性思维)、自学(学习力、问题解决能力、创新力)、自锻(坚毅品质、自我激励、适应力)、自理(目标管理、自控力、规则意识)。指标之下,又有具体观察视角的细分和相应的记录部门。

第三,各相关处室根据各自职责,分工落实《控江中学学生综合素质纪实报告》的相关信息的审核、公示、录入工作。教导处下设的信息中心负责建立与市、区综合素质评价数据库对接的校级数据库,并做好相关系统的维护工作。学校研制了较为系统的评价流程:写实记录——整理遴选——公示审核——导入系统——形成档案。

第四,学校逐步搭建了契合综合素质评价工作需求的综评信息管理系统。以市研究型课程自适应学习平台MOOR平台为载体,进行学生研究型课题孵化,将学生研究型课题的线上孵化和线下推进紧密结合。

第五,通过科创班创新素养培育课程、专业导航课程为学生研究性学习提供支撑,通过MOOR平台对课题研究过程进行忠实记录和呈现,落实学生研究性课题报告的真实性认证。

(三) 建构旨在为学生未来奠基的特色课程体系

一是提炼控江表达的课程思想。针对高中学生学业负担重、自主学习时间空缺、学业愉悦感弱的状况,借力课程领导力项目,经历"点线面体系"的阶段,展开了系统的课程校本化实践,形成了"低控制、高支持、轻负担、重自主"的课程文化。基于长期实践,传承校园文化,提炼出"玩是学之始,学乃玩之成"的课程育人观,构建了基于核心素养、"玩"学合一课程理念的四个维度的校本素养目标,即"玩而慧学""玩而悟道""玩而善创""玩而乐享"。围绕上述课程思想,在课程设计上,形成了指向"玩"学合一的课程方案,从学生社团的课程化设计,到三类课程(基础、拓展、研究)的个性化设计,再到学校课程整体的融通设计,赋予了高中课程"玩中学、学中玩"的要素,开创了独特的育人体系;在课程实施上,探索出"玩学研一体化"的教学模式,创新课程环境,实现课程教学时空向学生的充分让渡;在课程评价上,提出"课程即创造,教学即研究,情绪即反馈,输出即检验"的好课程校本标准,并形成了一系列具体的操作路径、评价方法。

二是完成个性化学程的框架设计与实践。基于"为学生未来奠基"的课程目标,学校的课程群按照学生的专业愿景和研修方向进行模块化重组,形成"学生发展导航课程系列"。构建了数学与逻辑、物理与工程、化学与环境、生物与医学、编程与人工智能(AI)、文学与传媒、语言与交流、历史与文博、财经与政法、创意与设计、管乐与艺术、体育与健身等12个指向学生发展导航的课程模块。其创新点在于：

其一，在课程群的重新设计中追加了项目引领、课题研究、院校连接、愿景生成、活动衍生、特质培养等功能。学生每一学期选择一个课程系列。学生可以选择不同课程系列，允许在不同的专业领域尝试，形成较为适合的专业愿景；也鼓励学生持续选择同一个课程系列，以便在某一领域专注深造、学有所长。

其二，每一系列的授课教师组成校本课程研修室，负责课程开发研究，对接院校资源，指导学生的研究性学习，帮助学生夯实基础知识，组织研学活动等。

其三，学生发展导航课程群的课程分为四种：专业种子课程、相关社团课程、高中知识拓展课程、大学知识先修课程——专业种子课程组织形式和内容安排侧重于在项目实施中支持学生的个性化发展，相关社团课程侧重于在社团活动和实践体验中推动学生的优势发展，高中知识拓展课程侧重于相关学科知识的夯实、思维和方法的提升，大学知识先修课程侧重于大学专业知识的预学。

三是启动课程共享平台的建设。适应"互联网＋"环境下的课程共享发展趋势，学校共计21门特色课程在上海市高中名校慕课平台上线；适应教育集团紧密型合作办学的要求，学校共计有60余门高中先修课程在课程共享平台供选；依托高中—高校合作办学的区域优势，学校从高校院所引进的大学先修课程达到10余个门类40多门。学校在保证国家课程开足开齐的同时，提供丰富、动态、供选的课程，促进学生的多元发展；形成指向生涯导航的学程研究，支持学生的有序发展；有效整合校内外优质教育资源，助力学生的优势发展。

（四）深化驱动自主、保障质量的教学改革实践

一是探索"'玩'学合一，创智乐享"的教学范式。通过在教学流程中渗透"玩"的要素来增强课堂活力，激活孩子"玩"的天性、学的动力。融合校内外资源，设计生动的学习体验活动，变静态的课堂为动态的课堂，实现时间与空间向学生的充分让渡；在活动中渗透项目式学习的要求，变教学的课堂为探究的课堂，形成师生"研习共同体"的课堂模型；课程、活动、研究不再有明确的边界，而是有效地构成了"三位一体"模式，让"玩"变得更有内涵，这是学校培养学生核心素养的新模式。智力与体力的建构，需要遵循学生的成长规律和兴趣诉求，设计合理的情境空间，为学生设计主动思考和锤炼的舞台，这样核心素养的培养目标方能落地。在课程设计中渗透"玩"的要素，激活孩子"学"的内驱，同时关注高阶思维的培养。教学成效在学生满意度、学业成绩、社会评价等各个方面得到了验证。

二是持续关注和改进高中学习环境。近年来，学校完成了学生活动中心独栋大楼的建造以及理化生实验室的现代化升级，同时建成文创、科创、生涯指导等创新试验区。理化生教研组也结合创新实验室建设、学科竞赛、科创活动等积极探索、整合、开发实验课程，形成

学科特色。作为"区域创新实验室联合运作体系建设"项目的核心校,我校"文创中心"和"环境化学"实验室带领联盟各成员校共同开发课程,共享资源,围绕主题搭建平台、集聚智慧。同时,近年来学校也不断构建校外体验活动课程教学体系,将课程教学空间从校园延伸到校外,从高中延伸到院校,从城市延伸到乡村,从线下延伸到线上,从上海延伸到全国,从中国延伸到海外,这些变化拓宽了学生的视野、促进了深度学习、带动了沉浸式体验。

三是围绕课程标准变化研制校本作业体系。各学科深入研究课程标准,研究学生学习现状和能力基础,形成了各学段较为完整的校本作业训练体系,实现了作业的分层、分类、综合设计。以作业系统的开发为依托,探索信息化对日常教学的深入融合。在学生导航课程中,首席教师领衔各专业板块的课程建设,并积极探索和推进探究性、实践性、综合性作业的设计开发和相应的评价机制。各学科也积极参加市中小学优秀作业、试卷案例征集评选,并取得较好成绩,以此提升作业设计能力。

四是初步建立了学分制管理体系。除基础型课程外,将拓展型课程学习和研究型课程学习纳入学分制管理,要求学生在高一、高二应修满规定课时的学分。学生在学期初通过网上平台自主选课,学期末通过网上平台查看拓展课修习成绩。学分成为学校学期综合评定、学生个人荣誉评定的评价依据,修习经历纳入综合素质评价考查要求。

(五) 搭建聚焦教师专业成长的赋能平台

一是制定分类实施的教师研修计划。为有效规划师资队伍建设,学校制定了启航计划、青蓝计划、卓越计划,分别对见习教师、35 周岁以下青年教师、各类骨干教师开展分层分类培训,定向推进不同类型教师的专业成长。围绕年度教师评选,学校创设了教师"玉兰奖",旨在通过适时的人文激励为教师注入持续发展的动力。目前,学校有 1 位特级校长、3 位特级教师,4 位正高级教师,4 位双名工程后备人才,50 余位教师进入区高端教师不同序列。

二是搭建多样灵活的教师研修平台。通过市学科基地、攻关计划,区高端教师研修班、学科高地、创新实验室联盟、校领军团队、学部团队、组室团队等分层分类构建教师研修组织,满足了不同发展阶段、不同发展愿景的教师的专业成长需求。

三是创设不同界面的教师研修途径。通过海外交流、教育博览会、跨省市跨区域教师论坛、项目研修、特色课程展示、新教材编写、市区考试命题、跨学段教研活动、科研论著的发表出版、各类教学比赛等,促进教师视野的开拓、理念的更新、课程教学实施能力的提升。

二、面临的主要挑战与困难

1. 国务院办公厅 2019 年颁布了《关于新时代推进普通高中育人方式改革的指导意见》,明确了五育并举新方向,高中教育定位需要有相应新的调整,需要全面建构相适应的育人新体系,作为上海市第一批实验性示范性高中之一的控江中学理应在顶层设计和实践操作层面作出积极的回应。

2. 新课程、新教材将全面施行,学校课程体系将纳入新轨,从基础型、拓展型、研究型三类转向必修、选择性必修、选修新三类课程框架,这需要学校重新架构,并在校本实践中探索出适应区情、校情、学情、教情的最优课程方案。

3. 国家课程校本实施和校本课程特色建设必须落实核心素养,满足学生多样发展的需求,课堂教学急需深度融合学科课程新标准和新教材的素养培育要求,实现从三维目标到素养目标的切换,同时要融入五育目标,需要学校不断提升课程领导力、教师不断提高教学设计能力。

4. 杨浦区作为"双新"实施的全国示范区,必然要求作为区域高中龙头的控江中学在项目实践中发挥示范引领作用,相配套的学校驱动机制和管理体制有待优化,配套资源有待完善,治理水平有待持续提升,办学影响力有待进一步扩大。

5. 在教育教学技术加速迭代更新的新时代,要求学校在新课程新教材实施中理性思考,嵌入更多的技术要素,控制改革成本,增加办学效能,提高师生适应"互联网+"的教育环境,以及驾驭教育新技术的能力;在"灰犀牛事件""黑天鹅事件"此起彼伏的全球化教育时代,也要求学校办学常备前瞻思维,针对特殊情况研制应急预案,提高新课程新教材实施过程中的危机应对能力。

第二部分　总体要求

一、指导思想

依据国务院办公厅《关于新时代推进普通高中育人方式改革的指导意见》(国发办〔2019〕29 号)文件、中共中央办公厅与国务院办公厅印发的《关于深化新时代学校思想政治理论课改革创新的若干意见》《中共中央国务院关于全面加强新时代大中小学劳动教育的意见》、教育部《关于做好普通高中新课程新教材实施工作的指导意见》(教基〔2018〕15 号)、《普通高中课程方案(2017 年版 2020 年修订)》《上海市普通高中课程实施方案》《上海市杨浦区普通高中新课程新教材实施国家级示范区建设工作三年规划(2020—2023 年)》,上海市控江中学的新课程新教材项目实施将坚持以习近平新时代中国特色社会主义思想为指导,深入贯彻党的十九大和十九届二中、三中全会精神,全面贯彻党的教育方针,落实立德树人根本任务,推动高中育人方式的改革,遵循教育规律,坚持五育并举,提高育人水平,为学生适应社会生活、接受高等教育和未来职业发展打好基础,培养具有国家意识、国际视野、未来观念、公民素养的社会主义建设者和接班人。

二、工作目标

（一）总目标

回应新课程新教材实施的市区统筹推进方案，立足杨浦新课程新教材实施全国示范区的优势，结合新时代教育发展要求和学校办学传统，以新课程新教材实施加强面向教育现代化的教师能力建设，引领育人方式的转型；以新课程新教材实施提高直面诉求、五育并举、因材施教、知行合一、融合发展的办学能力，持续提高办学满意度；以新课程新教材实施提高学校办学任务和成果的显示度，形成力量协同、共建共享的办学格局。

（二）具体目标

1. 坚持好方向。立足新课程新教材理念的高中育人体系建设，突出普通高中促进学生适应社会生活、接受高等教育、未来职业发展三个育人方向，融合五育并举的教育理念，关注高品质教育过程，推进学校育人思想、课程教学、学生指导、教师赋能、共建共享五大体系的建设。

2. 规划好方案。一是规划"双新"校本实施方案；二是设计高中优特发展目标下的学校办学能力优化方案。

3. 建设好机制。一是建设"小项推动大项"的多项目合力"双新"牵引机制；二是建设学校"双新"项目的专业指导机制；三是建设"双新"实施资源保障机制和协同育人机制。

4. 搭建好平台。一是搭建优质高效、打破壁垒、多方共育的线下课程学习平台；二是搭建因材施教、智能升级、共建共享的线上课程学习平台。

5. 推进好项目。针对普通高中新课程新教材新高考实施中所面临的重难点问题，确立五个优先研究和发展项目：

一是指向新课程实施的"上海市提升中小学课程领导力行动研究（第三轮）"项目（市级项目）。

二是指向课堂教学和新教材实施的"素养导向下的高中学科深度学习行动研究"项目（属于杨浦区中小学创智课堂教学再研究项目）。

三是指向学习评价的"上海市高中个性化学程和学分管理试验"项目（市级项目）。

四是指向智能学习平台建设的"上海市信息技术标杆校建设"项目（市级项目）。

五是指向新育人生态建设的"高中创客教育再行动研究""中考新政下初高中教育集团紧密型合作办学的联动机制研究"项目（市区级项目）。

三、基本原则

1. 科学规范：严格依据国家和上海市普通高中课程方案，严格落实国家和地方关于教材教辅的管理规定,校本实施方案与杨浦区"双新"规划方案形成上下呼应。学校"双新"规划方案经过科学论证,实施过程注重证据收集,成果成效经过多方验证。

2. 合作协同:深化与高校院所的合作,依托高校院所资源加强课程开发、课题研究、学生实践、教师研修等;注重利用区域优势资源,构建学校、家庭、社会协同指导机制;持续打通学校之间、学段之间、学校与社会资源之间的办学壁垒,形成协同育人的格局。

3. 普适价值:在学校原有办学特色基础上,形成具有控江特色的"双新"校本实施方案,从成果辐射和教育共享视角出发,提炼具有推广价值、可以示范、可持续推进的普适性项目经验,通过线上线下多种途径向有需求的地区和学校提供帮扶服务,发挥我校在新课程新教材落地应用上的引领示范作用。

第三部分　建设任务

一、聚焦融合五育、奠基未来的课程体系建设

工作举措有三项:以新课程新教材实施国家课程方案为标准,完成学校课程方案的规范化设计、推进学校课程建设的系统化实践、推进学校课程体系的特色化建设。实施步骤和预期成果如下。

(一)完成学校课程方案的规范化设计

1. 在国家新课程框架内,融合五育并举、立德树人的教育理念,把学校原有的个性化特色课程纳入其中,实现从原有的三类课程(基础型课程、拓展型课程和研究型课程)向新三类课程(必修课程、选择性必修课程与选修课程)的有机链接与平稳过渡。

2. 在重构课程体系时,加强新课程新教材在高中育人方式转变中的引领作用,满足学生的个性需要和优势发展,发挥新课程新教材对学生适应社会生活、接受高等教育、未来职业发展的奠基作用。

3. 援引市、区、校三层新课程教研培训,在学校总体方案的基础上,分学科、分学段、分课型完成相应新课程新教材实施方案的设计。

(二)推进学校课程建设的系统化实践

1. 在新课程框架下,组织课程理念、课程开发、课程实施、课程评价等环节的课程行动研究,形成较为系统的新课程新教材实施新流程。

2. 持续推进在线课程学习平台的开发和运用,形成新课程线上线下同步建设、混合运用、优势互补的新格局。

3. 优化新课程实施的配套学习空间建设，推进科创、文创、历史人文、媒体、生涯指导等学习空间软硬件升级，以空间改造、机制建设、教学创新，形成适应新课程新教材实施的新环境。

4. 常备前瞻思维，针对特殊情况研制应急预案，提高新课程新教材实施过程中的危机应对能力。

（三）推进学校课程体系的特色化建设

1. 围绕培养社会主义建设者和接班人的目标，基于"自主发展"的办学理念、"玩"学合一的育人方式，开发具有校本特色的综合实践活动课程、"五育融合"课程、思政专题教育课程、"四史"专题教育课程、劳动专题教育课程等。

2. 基于"为学生未来奠基"的课程理念，启动第二轮"学生发展导航课程系列"的建设，形成涵盖四大课程领域的十二个课程模块，丰富课程教学的选择性、贯通性、导航性，因材施教地提供课程菜单和学习方式。

3. 以"创客教育"作为新课程体系建设的突破口，从"科技创新""文化创意""创业体验"三个方向发展创客课程，实践创客教学、组织创客活动，培养创客团队，优化创客环境，开拓创客资源，鼓励学生打破学科边界开展挑战性学习，培养跨学科、跨领域素养。

二、聚焦品质优先、稳健推进的课程组织管理

工作举措有三项：优化新课程框架下选课走班的方案；创新适应新课程的课程管理评价方式；研制适应新课程的学生发展指导2.0方案。实施步骤和预期成果如下。

（一）优化新课程框架下选课走班的方案

1. 完善教导处、德育室、学部、教研组、备课组五级分治、合作联动的扁平化走班教学管理组织。

2. 在选课排课、教研备课、上课下课、作业测试、成绩管理、班级管理等方面开展走班教学的精细化管理，升级配套选课走班的信息化管理系统，优化"一人一课表"制度。

3. 通过例行巡查、组织听课、学生访谈问卷等方式对走班课程实施进行过程化管理，从课程常规、教学设计、学生满意度三个维度评价走班课程的教学质量。

（二）创新适应新课程的课程管理评价方式

1. 构建规范的新课程新教材各层级实施方案的校内审议制度、新课程新教材实施监管制度、新课程新教材团队教研制度。

2. 结合综合素质评价，探索高中学分制到学分绩点制的过渡，即在学校原有学分制基础

上构建适应新三类课程的学分制,初步形成学分绩点制的实施方案设计和行动研究经验,推动从以学习数量为中心到以学习质量为中心的转变。

(三)研制适应新课程的学生发展指导 2.0 方案

1. 探索促进学生素养发展、优势发展、可持续发展的学生发展指导 2.0 方案,重点推进素养培育和评价机制研究、学生发展咨询机制的建设、学生"成长画像"和学业发展规划智能系统的建设。

2. 启动学生发展指导"问向"项目,建构以生涯地图为中心,以生涯场景建设为抓手,以云平台工具、生涯课程为支撑,以家校互动体系及学生生涯体验活动体系为两翼的生涯教育完整解决方案。

3. 依托家校合作机制和生涯发展导师制度,建立良好的教育生态,提高学生的身体管理和心理调节能力,增强学生在选修课程、选考科目、报考专业和未来发展方面的自主规划能力和自主选择能力,更好地助力学生的有序成长和优势发展。

三、聚焦素养导向、因材施教的教学改革

工作举措有三项:推动学科核心素养目标的真实落地;推动以深度学习提升学业质量的探索;推动因材施教的教学设计和实践能力的建设。实施步骤和预期成果如下。

(一)推动学科核心素养目标的真实落地

1. 以核心素养的目标设计作为统摄课堂学习的主旨、以核心素养的现实生发作为观察课堂学习的指向、以学科核心素养的创新转化作为优化课堂学习的驱动力,以核心素养的真实落地作为评价课堂学习的依据。

2. 在学科核心素养目标实现之余,重点关注学会学习、社会责任、创新实践三项中国学生发展核心素养与学科核心素养的交集、实现方式和达成程度。

3. 以素养为导向,开展教、学、评一致性的研究与实践。

(二)推动以深度学习提升学业质量的探索

1. 在新课程新教材的框架内,研究高中学科深度学习的表现指征、学习方式、学习策略、学习资源建设、驱动机制、评价工具等。

2. 以单元式学习、项目化学习、线上线下混合式学习、基于真实情境的学习等方式探寻深度学习的路径,提高学习的自主性、积极性、互动性、探究性、有效性。

3. 推进信息技术与教学的融合,把物联网、大数据、5G、人工智能、AR、VR 等新技术引入校园,规划建设人工智能教学实验室,创设探究式人工智能教学场景,打造"人工智能+教

育"深度学习与实践环境。

（三）推动因材施教的教学设计和实践能力的建设

1. 构建学校主导、学生深度参与、融合校内外资源的线上线下学习平台，针对学生的不同学习阶段、不同学习诉求、不同学习能力，供给个性化的学习资源。

2. 围绕新课程新教材，构建分学段设计、目标与难度分层的新校本作业体系。

3. 分类研究学生的学习特征，提供时间管理、流程优化、方法选择、工具使用、效率提升方面的指导，以个性化的全程指导为品质学习赋能。

四、聚焦质量优先、过程激励的考试评价改革

工作举措有两项：针对不同类型的考试，研制考卷考试质量测评方案；围绕五育并举的要求，研制综合素质评价的改进方案。实施步骤和预期成果如下。

（一）针对不同类型的考试，研制考卷考试质量测评方案

1. 针对高考、等级考、学业水平考的分类考试要求，从试卷命题、双向细目表、考卷评价等方面提升校内考试的仿真程度和命题质量。

2. 用好校内参与等级考、高考命（审）题的教师资源，适时开展试卷分析、评价和研讨，援引第三方专业评审，针对新课程新教材开展相应的学科作业和考试命题评比活动，引导教师树立"减负增效""减量增质""减烦增趣"的教学观。

（二）围绕五育并举的要求，研制综合素质评价的改进方案

1. 为学生"五育"提供更多平台和经历，德育注重服务社会和综合实践、智育注重增强学习主动性和学习挑战性、体育注重专项化运动和培养健身习惯、美育注重创意表达和跨学科融合、劳育注重结合时代要素的实践体验，在综合素质评价中突出"五育"经历和成果，遴选代表性人物事迹开展表彰，形成示范效应。

2. 探索课程学习过程激励性评价机制与工具，以学习评价提升学习主动性、学习认知，以学习诊断促进学习矫正，提高学习质量。

五、聚焦创新驱动、互联互通的体制机制建设

工作举措有三项：完善教育科研项目驱动创新办学的机制；完善"初中—高中—大学"学生培养贯通机制；完善校内外办学资源互联互通机制。实施步骤和预期成果如下。

（一）完善教育科研项目驱动创新办学的机制

针对普通高中新课程新教材新高考实施中所面临的重难点问题，围绕新课程新教材实施、创智课堂教学实施、初高中跨学段育人、五育并举办学机制、"双新"背景下的特色办学，推进五个优先研究项目的研究和实践。

（二）完善"初中—高中—大学"学生培养贯通机制

1. 对接国家高校的"强基计划"，健全学科人才培养机制，加强高中阶段的下沉实践。

2. 立足杨浦区的优势教育资源，依托高校院所和教育集团紧密型合作办学，推进交复"英才计划"、同济"苗圃计划"、财大"财经素养人才培养计划"在新课程新教材背景下的个性化实施，摸索"初中—高中—大学"人才贯通培养机制。

（三）完善校内外办学资源互联互通机制

1. 打破学校办学壁垒，通过社会公益实践、研学旅行、场馆探究、社区文创、科学考察、乡村考察等综合实践联通社会育人资源，提高学生融入社会、服务社会、反哺社会的学习能力，培养学生的五育融合运用能力，涵养学生的家国情怀。

2. 通过跨省市对口交流、中外文化交流专题活动，加深学生的文化理解、国家理解、国际理解。

3. 在"互联网＋教育"大环境中探索控江优质教育资源在控江教育集团校和跨区域的共享，实现跨校课程互选、学分互认、资源互通，实现学校教育的智能升级、功能升级。

六、聚焦能力提升、成果辐射的示范、引领、带动作用

工作举措有两项：以新课程新教材的示范引领作为教师教育现代化能力的新增长点；以多层级的示范引领窗口建设作为学校办学影响力的新增长点。

（一）以新课程新教材的示范引领作为教师教育现代化能力的新增长点

1. 研制新课程新教材实施与教师培养计划的结合点，将新课程新教材实施的任务驱动纳入教师专业持续发展的时间表，以课程领导力作为教师面向教育现代化能力提升的重要观察点。

2. 以项目研修、课程展示、公开教学、案例征选、论著发表等为教师搭建新课程新教材实施成果输出平台。

（二）以多层级的示范引领窗口建设作为学校办学影响力的新增长点

1. 总结凝练学校"双新"实施成果经验，积极组织开展研讨交流和经验推广，建立与其他高中的对口共建机制。

2. 推荐优秀教师干部和骨干教师承担市区新课程新教材培训任务，通过对口帮扶、跨校培训、挂职交流、跟岗学习、学科高地、项目联盟等方式向薄弱高中辐射项目成果。

第四部分 重点突破

一、创建围绕课标、融合五育、奠基未来的新课程体系

在"上海市提升中小学课程领导力行动研究（第三轮）"项目引领下，实现从原有三类课程向新三类课程的有机链接与平稳过渡，建立符合国家新课程框架的课程体系；在跨学科课程探索中，形成一批"五育融合"课程样例、综合实践活动课程样例；基于"为学生未来奠基"的课程理念和"玩"学合一的育人方式，启动第二轮"学生发展导航课程系列"的建设，在丰富课程的选择性、贯通性、导航性的同时，重点探索因材施教的课程教学机制。

二、创建素养导向、深度学习、智能运用的新教学方式

在"素养导向下的高中学科深度学习行动研究"项目引领下，将核心素养的目标设计、核心素养的创新转化、核心素养的真实落地作为课堂教学的观察与评价标准，开展教、学、评一致性的研究与实践；以单元式学习、混合式学习、基于真实情境的学习等方式探寻深度学习的路径，提高学习有效性；推进信息技术与教学的融合，把物联网、大数据、5G、人工智能、AR、VR等新技术引入校园，规划建设人工智能教学实验室，创设探究式人工智能教学场景，打造"人工智能＋教育"的深度学习与实践环境。

三、创建质量优先、过程激励、契合改革的新学习评价机制

在"上海市高中个性化学程和学分管理试验"项目引领下，结合综合素质评价，探索高中学分制到学分绩点制的过渡，即在学校原有学分制基础上构建适应新三类课程的学分制，初步形成学分绩点制的实施方案设计和行动研究经验，推动从以学习数量为中心到以学习质量为中心的转变；探索课程学习过程激励性评价机制与工具，以学习评价提升学习主动性、学习认知，以学习诊断促进学习矫正，提高学习质量；探索促进学生素养发展、优势发展、可

持续发展的学生发展指导 2.0 方案,重点推进素养培育和评价机制研究、学生发展咨询机制的建设、学生"成长画像"和学业发展规划智能系统的建设。

四、创建因材施教、智能升级、共建共享的新学习平台

在"信息技术标杆校建设"项目引领下,探索如何用新技术推进个性化学习、自主学习和深度学习。

一是建立自适应学习平台,将大数据分析、算法构建、思维模拟等人工智能应用于自适应学习,并深入到教学的"学—练—测—评"等核心环节,解决学习过程中不同学习内容割裂、学习难点滞后、学习路径无针对性等问题;整合教育资源,建设自适应内容、自适应评估、自适应序列三种自适应工具,以协作共享的方式构建"控江微知云图",并提供有效的分析与评估手段,实现根据学习目标设计更适合的学习路径,提升学生个性化学习效果。

二是建设学生"成长画像"和学业发展规划系统,实现学校的"依数治理"。运用大数据分析手段,量化学生在校行为规律、努力程度、学习技能、社会关系等多维度的特性,描绘学生的学习特点、行为特征和社会关系,揭示学生成长轨迹,评估学生心理状况,基于预测模型对学生的成长发展等进行关联性分析、特殊情况预警和尝试性预测,为个性化教学和学业发展规划提供支持和指导依据。

三是建设"控江智慧校园"平台,完善线上学习功能,充分融合网络课程资源,优化研究性学习、项目化学习、主题学习的过程管理,建立包括学生自评、互评、师评等多维度的学习评价体系,并纳入到课程学分管理系统中;同时在"互联网＋教育"的大环境中探索控江优质教育资源在控江教育集团校和跨区域的共享,实现跨校课程互选、学分互认、资源互通,实现学校教育的智能升级、功能升级。

五、创建资源整合、创客孵化、协同办学的新育人生态

将"创客教育再行动研究"作为学校教育发展的新增长点,借助区域功能定位和优势资源支持,通过创客教育的顶层设计和行动研究,使学校成为区域基础教育中的创客教育中心,成为区域创新教育整体提升的枢纽。

一是建构了控江表达的创客教育体系,从"科技创新""文化创意""创业体验"三个领域发展创客教育,形成"创想—创为—创生"三个梯度的挑战式培养路径,优化包括创客课程、创客学习、创客实践、创客环境、创客团队、创客影响等要素在内的高中创客教育体系,通过项目提炼基础教育高中阶段创客教育的经验。

二是建立了纵横双向的创客培养格局。从纵向看,逐步构建了上通高校院所、中连创新

实验室、下接集团校的"初中—高中—大学"贯通式培养,从而为创客教育的实施创设了稳定而有效的工作机制;从横向看,通过创客教育,打破学校与校外世界的学习壁垒,建立开放性、共享型的教育环境。

第五部分　工作保障

一、组织领导

在市教委、区教育局领导下,成立上海市控江中学"新课程新教材实施领导小组"。由校长、书记、副校长、中层管理干部形成校内总项目组,以科研室作为项目的专业支持,以教导处、德育室作为项目推进推广的组织两翼,以人力资源室作为研训组织主体,由总务处提供项目必要的后勤保障。

二、制度建设

依托项目智库,建立项目设计、实施、提炼、优化的专业保障制度;建立新课程新教材实施指导、规训、管理、监测、评价的校本制度;建立收集期望值、测评感受度、衡量获得感的新课程新教材实施调研制度;优化家校合作制度和全员导师制,提升学生发展指导的品质;建立校内外协同育人制度,加强课程、资源、空间的共建共享,平台、成果、学分的互通互认。

三、队伍建设

形成骨干教师引领("卓越计划")、个性化教师项目突破("星光计划")、"青蓝工程"教师跟进("青蓝计划")、入职教师参与("启航计划")的全员队伍,带动教师实现梯队式成长。通过教师专业发展计划设计、项目经理人分块推进、第三方指导评价等组织方式推动项目有序开展。

四、条件保障

设立专项资金,每年为立项教师提供经费支持,支持教师开展教研、科研、教学实践、交流活动和设备添置等;搭建交流平台,定期组织论坛,汇编优秀案例等成果,以经验交流扩大辐射面;通过配置绩效奖励,为参与项目实验的学科教师建立分级奖励制度。通过"智慧校园"信息技术建设,形成有利于新课程新教材实施的在线环境;通过加快文创中心、科创中心、历史人文中心、数媒中心、生涯辅导中心等创新实验区的新技术运用,形成有利于新课程新教材实施的线下物理环境。

第三节　上海理工大学附属中学新课程新教材实施方案

第一部分　建设基础

一、已有改革经验与成果

(一) 传承"尚理"文化,明晰办学理念

学校以"尚理"为办学理念,蕴含着崇尚"哲理、伦理、学理、事理"的四理追求,2019年被评为上海市特色普通高中;学校关注"尚理"文化的学科渗透,增强在学科教学中渗透"尚理"文化的意识和技能;学校在全面重视中国学生发展人文底蕴、科学精神、学会学习、健康生活、责任担当和实践创新六大核心素养的基础上,运用工程教育的理念和方法,提炼我校学生"工程素养"五大核心要素,即人文情怀、系统思维、交流合作、设计创新、实践应用。

(二) 构建多元管理体系

学校建立了多元主体参与的"四合一"共管共建管理机制,其中"一"即上理工附中理事会,"四"即形成了区政府支持、区教育局主管、依托上海理工大学、学校自主办学的多元主体。形成"一室四中心"的专业管理机构。"一室"即"理事会办公室","四中心"即"厚德人文中心""尚理实验中心""艺体教育中心""学生发展指导(心理健康教育)中心"。"一室四中心"直接贯彻理事会决策,加强课程研发,提升课程领导力,有效实行质量监控,推动学校管理从行政管理向专业管理转型。

(三) 初步形成特色课程体系

建立和完善特色课程体系,为学生提供一条个性化的"跑道",学校梳理了学科核心素养和工程素养的关系,形成了《学科工程素养培育实施指南》,从而在国家课程的校本化实施中进一步融入了工程素养培育,学校开发了工程素养培育"1+3+1"特色课程群(一个通识课程群,三个拓展课程群,一个综合实践课程群)。学校特色课程体系建设初步形成。学校在落实国家课程的同时,通过渗透、融合、特需特供,培育学生工程素养,在校本课程实施中,强

调"多"与"选",形成门类多、专业方向多、实施形式多,学校已经建立和完善了惠及全体学生的选择性强的特色课程实施体系。

（四）在课堂教学中持续推进"活力课程建设"

学校通过"活力课堂"的项目实践,在课堂教学中关注学生学习状态及思维品质的提升,立足课堂教学方式的转变,形成了"问题驱动、互动交流、主动探究"三大环节、六个改进点的课堂教学实施要素,并以"学会学习""自我管理与合作学习""引领式自主学习"为目标,分年级实施学法指导,引导学生主动探究与积极把握"问题驱动提供感性认识、互动交流引导感悟体验、主动探究内化学习建构"的学习策略。

（五）形成学生发展指导上理模式

学校参与教育部课题"全国普通高中学生发展指导"项目以来,从品格发展、学业发展和生涯发展领域开展学生发展指导工作。校学生发展指导中心努力探索特色校本课程建设的实践研究,开发"迈向'尚理'成功人生——学生发展指导校本课程"成为区域共享课程,在区教育局指导下牵头成立区域高中生涯辅导联盟,"学生发展指导中心"被评为杨浦区中小学校德育先进集体。

（六）加强培养满足特色教育的师资队伍

学校进一步完善了教师培养计划,细化师资队伍的培养方案,在构建"见习教师、职初教师,校骨干教师、区骨干教师、区学科带头人、特级教师"的教师专业发展成长链的基础上,制定并完善了教师梯队分层管理的细则措施,明确了各类教师专业发展路径。学校依托四个中心,以课堂为主阵地、以教科研活动为载体,打造教师学习共同体,让"驾驭一门必修课、开设一门拓展课、指导一门研究课"成为每位教师的个人发展目标,让教师从旁观者成为参与者和研究者。

二、面临的主要挑战与困难

1. 国务院办公厅 2019 年颁布了《关于新时代推进普通高中育人方式改革的指导意见》,明确了五育并举新方向,高中教育定位需要有相应新的调整,需要全面建构相适应的育人新体系,学校的顶层设计亟待探索。

2. 新高考三轮探索后,新课程新教材将全面施行,学校课程体系将纳入新轨,需要重新架构;国家课程校本实施和校本课程品质建设必须落实核心素养,满足学生需求;教师需要突破观念及行为上的惯性,课堂教学急需深度融合学科课程新标准和新教材的素养培育要求;学校课程领导力需要进一步提升。

3. 学校教育由分层发展趋向分类与分层发展相结合,新格局的打造需要结合"双新"实施和建设,相应的驱动机制和管理体制有待优化,配套资源有待进一步完善,治理水平有待持续提升,办学活力有待进一步激活。

第二部分　总体要求

一、指导思想

依据国务院办公厅《关于新时代推进普通高中育人方式改革的指导意见》(国发办〔2019〕29 号)、中共中央办公厅与国务院办公厅印发的《关于深化新时代学校思想政治理论课改革创新的若干意见》《中共中央国务院关于全面加强新时代大中小学劳动教育的意见》、教育部《关于做好普通高中新课程新教材实施工作的指导意见》(教基〔2018〕15 号)、《普通高中课程方案(2017 年版 2020 年修订)》《上海市杨浦区普通高中新课程新教材实施国家级示范区建设工作三年规划(2020—2023 年)》等文件,以推进新时代普通高中育人方式改革为抓手,深刻领悟新课程改革精神,适应新课程改革要求,研究推进新教材的全面实施,从而有效落实立德树人根本任务,发展素质教育,遵循教育规律,深化育人关键环节和重点领域改革,切实提高育人水平,发挥区域示范辐射和引领作用,为学生适应社会生活、接受高等教育和未来职业发展打好基础,努力培养德智体美劳全面发展的社会主义建设者和接班人。

二、基本原则

(一)坚持理论研究与教学实践研究相结合

学校以普通高中新课程新教材实施为契机,坚持理论研究与教学实践研究相结合的基本原则,系统梳理新课程改革的相关政策、文件要求、专家的权威解读、已有的研究成果,深入调研学校开展新课程新教材面临的实际情况与现实难题,运用科学的教育研究方法,寻找破解之道,积累实践经验,逐步形成学校新课程新教材实施的总体经验、管理机制和各学科教学实践研究成果。

(二)坚持教育教学观念与教学实践相一致

学校在全面推进新课程新教材实施的过程中,坚持以观念认同为先的基本原则,通过集中学习和分学科研修,深化教师对新课程新教材的学习和研究,使各学科教师逐步形成对新课程新教材的观念认同。在此基础上,学校组织各科教师以新课程理念指导教学实践。由教学分管校长承担领导和管理职责,提供必要的进修机会和专家指导,确保各学科、各年级全员参与新课程新教材实施。

（三）坚持优化课程发展机制，推进学校课程平台的完善

继续参与区域课程领导力项目实践，优化学校持续发展规划方案，通过项目实践，完善课程发展机制；完善学校工程素养培育导向的与"双新"实施相呼应的跨学科、项目化学习等优质课程共享平台；探索与高中多元发展相配套的办学特色展示平台。努力在原有基础上在数量与质量上全面提升与完善。

（四）坚持全员参与，分项目推进原则

针对学校新课程新教材新高考实施中所面临的重难点问题，确立重点项目予以推进：(1)推进学校特色优质普通高中建设项目；(2)推进新课程实施下落实核心素养培育的课程建设项目；(3)推进素养导向下的"活力课堂"教学研究项目；(4)推进高考新政下的作业体系和综合评价等系统改革项目；(5)项目引领下的教师队伍建设项目。在分项目推进原则下，学校坚持全员参与，对全体教师进行培训，实施过程全员参与，在项目推进过程中提升教师教育教学能力。

第三部分 建设任务

为落实立德树人、五育并举，将"新课程新教材理念下的育人体系建设"作为学校这三年的实验项目，梳理并提炼学校在特色普通高中创建中的优势资源，贯彻国务院办公厅《关于新时代推进普通高中育人方式改革的指导意见》等一系列文件精神，在德智体美劳分领域下，确立系列分项目开展深度实验探索，最终形成学校层面的"实施建议"。

一、完善新课程新教材实施学校规划设计

在充分调研及专家指导的基础上，制定学校规划，明确教导、德育、师资建设，教研组、备课组目标、职责、改革任务和步骤；组织专题研讨，制定与规划基于新课程的学科校本实施的重点难点问题专项研究指南；加强规划实施的过程管理，借鉴试点学科经验，发挥规划的引领和激励作用；定期召开各部门、各教研组联席会议，总结阶段工作，对新课程新教材实施落实情况开展自我评估，形成阶段性研究成果。

二、开展新课程新教材实施教师全员培训

利用市区级教师培训、暑期学校师资培训、教工大会，教研组、备课组活动等契机，组织

专家团队分层指导培训。搭建试点学科相互示范、优秀教师或团队开展基于新教材的教学融合能力展示实践平台;发挥教研的专业支撑作用,探索区域联合教研、校际联合教研、名校师徒结对、"名师工作室"等多种研修机制,组织开展指向学科核心素养的单元教学实践研究、新课程新教材实施重点难点问题研究。

三、聚焦五育并举的课程体系建设的完善

完成学校课程方案的规范化设计。包括:(1)在国家新课程框架内,融合五育并举、立德树人的教育理念,把学校原有的"工程素养"培育特色课程纳入其中,实现从原有的三类课程(基础型课程、拓展型课程和研究型课程)向新三类课程(必修课程、选择性必修课程与选修课程)的有机链接与平稳过渡;(2)在重构课程体系时,加强新课程新教材在高中育人方式转变中的引领作用,满足学生的个性需要和优势发展,发挥新课程新教材对学生适应社会生活、接受高等教育、未来职业发展的奠基作用;(3)在学校总体方案的基础上,分学科、分学段、分课型完成相应新课程新教材实施方案的设计。

推进学校课程建设的系统化实施。(1)在新课程框架下,组织课程理念、课程开发、课程实施、课程评价等环节的课程行动研究,形成较为系统的新课程新教材实施新流程;(2)持续推进学校信息化学习平台的开发和运用,形成新课程线上线下混合学习、优势互补的新模式;(3)优化新课程实施的配套学习空间建设,推进尚理实验中心、文理中心、学生发展指导中心等学习空间的软硬件升级,形成适应新课程新教材实施的新环境。

打造聚焦"工程素养"培育的德育课程体系。学校围绕"人文厚实、理工见长"的学生培养目标,聚焦"工程素养"培育德育课程体系提出"立德明理、美德公理、厚德尚理"的三年目标,落实课程育人、文化育人、活动育人、实践育人、管理育人、协同育人,从为人、为学、为事三方面,培养"做真人"的社会公民、"求真知"的青年学生、"做实事"的工程人才;深化普通高中课程组织管理的实践研究(包括选课走班、学分制管理、学生发展指导等),推进思政课程和劳动教育、生涯辅导和综合实践活动课程等重点领域的实践探索等。

四、推动"活力课堂"教学改革全面深化

结合区域"创智课堂"建设,加强"活力课堂"教研工作体系建设,组织校本教研和跨校教研,开展基于学科素养的学习研究与实践,进一步开展"活力课堂"标准的教、学、评一致性研究与实践,组织各教研组针对本校学生特点进行校本化单元学习的研究,推动基于新课程的学科系列化校本练习编制。在课堂教学改革过程中,借助学校创新实验室、学科教室,开展学科项目化实践,实现信息技术与教学深度融合。通过尚理学术节、全国理工联盟同课异构活动,形成一批优秀案例成果。

五、加强学校新课程新教材实施组织管理

(1)探索建立学校新课程新教材实施指导和监测机制,指导和监督各学科教研组严格执行国家课程方案、使用国家审定教材,借助信息技术,完善质量监测系统,针对高考、等级考、学业水平考的分类考试要求,从试卷命题、评价等方面提升校内考试的有效性。(2)考试命题应注重紧密联系社会实际与学生生活经验,强调对综合运用知识分析解决实际问题能力的考查,要有利于促进学生核心素养的发展。适时开展试卷分析、评价和研讨,针对新课程新教材开展相应的学科作业和考试命题评比活动,以考促教,以考促学,引导"减负增效"。(3)建立学分认定和管理制度。学分认定综合考虑学生实际修习的课时、学习表现,并达到课程标准或相关文件的要求。(4)完善综合素质评价制度。制定学生综合素质评价实施方案,建立学生综合素质档案,指导学生客观记录成长过程,记录集中反映综合素质主要内容的具体活动。充分利用写实记录材料,对学生成长过程进行科学分析,加强对学生成长的指导。(5)提高新课程新教材实施质量。建立学校课程研讨制度,学校定期汇报工作进展,包括资讯动态、典型经验和优秀案例等,形成阶段性简报。积极探索发展学科核心素养为导向的教育评价办法,构建学生综合素质评价体系和教师评价新体系。

六、总结学校"双新"实施工作经验

将新课程新教材的示范引领作为教师教育现代化能力提升的新增长点。研制新课程新教材实施与教师培养计划,将新课程新教材实施的任务驱动纳入教师专业持续发展,以项目研修、课程展示、公开教学、案例征选、论著发表等为教师搭建新课程新教材实施成果输出平台。总结凝练学校"双新"实施成果经验,积极组织开展研讨交流和经验推广,形成可借鉴、可推广的经验做法和典型案例,并通过上理教育集团、创新实验室联盟、全国理工联盟、尚理学术节等平台辐射项目成果。组织区域团体通过研讨交流等形式加强宣传推广,发挥好示范引领和带动作用。

第四部分　重点突破

一、坚持素养导向,探索高中生工程素养培育新模式

(一) 基于素养导向的"工程素养"校本理解

进一步梳理学校高中生"工程素养"要素,厘清工程素养培育与核心素养及培育目标的

关系,形成基于核心素养的高中生工程素养校本理解。

(二) 推进"工程素养"培育课程建设的系统化实践

包括:(1)在新课程框架上,组织课程理念、课程开发、课程实施、课程评价等环节的"工程素养"培育特色课程行动研究,形成较为系统的"工程素养"培育实施纲要;(2)持续推进"工程素养"培育在线课程学习平台的开发和运用,完善学校慕课课程、丰富网上学科资源,建设便捷、友好的学习与交互平台,多点开花,推动学校教育的智能升级,形成"工程素养"培育线上线下同步推进、混合运用、优势互补的学习平台;(3)优化"工程素养"培育课程实施的配套学习空间建设,推进创新实验室、文理中心、生涯指导中心等学习空间的软硬件升级,以创新实验室的空间改造、机制建设、教学创新,形成适应新课程新教材实施的环境;(4)打造诸如机器人、创意思维、尚理制造、人工智能等大学合作品牌项目,开展跨学科项目化学习。实现国家课程目标与学科核心素养的可视化、可操作、可评估,促进学生学科核心素养的形成与发展。

(三) 创新研训机制,锻造面向教育现代化的新队伍

以于漪教育思想为指导,发挥思想引领,大学专业引领作用,打造引领高中"工程素养"培育的学术交流中心、教师专业发展实践基地,培养一支具有良好育德意识、高超育人能力的教师队伍,全面提高"工程素养"培育课程的实施质量。

(四) 整合教育资源,探索一体化协同育人的新机制

学校依托上海理工大学教育集团,积极参与大中小"工程素养"培育课程一体化建设的研究,形成资源共享、课程共建和人才共育的机制。建立与"工程素养"培育相结合的思政课程框架,使德育活动系列化、课程化、常态化、时代化。将"尚理"元素融入德育课程,与集团各校协作开展"工匠精神"五个一系列活动、建设青马工程教育基地等。借助理工大学教育基金会支持下的"上理之星"评选,探索德智体美劳全面发展的优秀学生的选拔机制,形成对上理学子多元化的评价。

二、强化育人导向,探索基于"活力课堂"的新教学

(一) 基于育人导向的"活力课堂"校本理解

深入理解普通高中课程改革要求,准确把握课程标准,结合区创智课堂建设,重新梳理学校"活力课堂"要素,进一步深化指向学科核心素养的"活力课堂"研究,形成"活力课堂"校本理解。

（二）坚持素养本位，构建适合每一个学生的教学环境

普通高中课程培养什么人、如何培养人？学校围绕"活力课堂"建设，建构能够培养时代新人、面向未来、又适合每个学生发展的新教学系统。以学科核心素养为导向进行单元教学设计，关注学生学习过程，创设与生活关联的、任务导向的真实情境，促进学生的自主、合作、探究式学习，注重对学生学习过程的评价；探索建立行政班和教学班并存等多种教学组织形式。形成教师调度、班级编排、学生管理、教学设施配套等资源和条件，为走班教学的实施提供保障。

（三）健全以生为本的教学研究，完善教学管理制度

建立平等互助的教学研究共同体，倡导自我反思与同伴合作，营造民主、开放、共享的教学研究氛围，鼓励和支持教师进行教学方式改革的探索，形成教学风格和特色。

（四）积极开展基于学科核心素养的教学评一致性研究

基于学业质量标准，建立符合校情、基于新课程新教材的学业质量监测制度，发挥评价的育人功能，促进教、学、考、评有机衔接，形成育人合力，促进育人目标的有效落实，师生共同成长。

第五部分　工作保障

一、组织领导

学校成立"普通高中新课程新教材实施项目组"，由校长担任组长，德育和教学分管校长担任副组长，教导处、德育处、科研室等各中层处室负责人，各学科教研组长以及未担任领导职务或教研组长的骨干教师、学科带头人共同组成项目组成员。学校依托上海理工大学等高校知名教授，组建特聘专家组，指导学校的"双新"实施。

项目组组长负责学校新课程新教材实施实验项目的总体规划和顶层设计。项目组副组长全面负责实验项目的总体实施和过程管理。德育处负责制定和落实学校新课程新教材实施下的学生生涯发展与综合素质评价细化方案，科研室负责制定学校新课程新教材实施项目方案，教导处负责制定和落实学校新课程新教材实施实验项目的细化方案，协调组织各学科开展学校制定的新课程新教材实施实验项目任务。

二、制度建设

建立课程指导和监测制度，聚焦课程指导、课程监测、课程共享，建立相应的课程培训、

实施、反馈、改进机制,构建新课程新教材的评价机制;建立课程评价制度,包括学校课程领导力项目评价机制、新课程新教材的学业评价机制和统一的学分认定与管理制度等;建立选修课程指导制度,探索跨校跨学科跨区域联合教研;利用上海理工大学优质资源,实现资源共建共享,引导学有余力的学生完成大学先修课程;建立学生发展指导制度,把学生发展指导制度作为发展素质教育、转变育人方式的重要制度,学校配备专职咨询师,强化其对学生学涯、生涯的重要指导作用。

三、队伍建设

学校充分依托理工大学、区域专家、学科教员等优质资源,组建 5 个项目小组,成员包括学校德育、教学分管校长,各中层处室、各学科教研组骨干教师等。这支具有丰富教育教学及科研实践经验的教师队伍,为项目实施提供了人才和队伍保障,学校也希望通过项目的推进,培养一批在区域中有影响力的名师,提升校长课程领导力和教师教学能力。

四、条件保障

学校先后建成机器人创新实验室、工程素养体验馆、环境与工程创新实验室、尚理实践坊、数学协作学习创新实验室、数字地理创新实验室等多个市区级创新实验室,为新课程新教材实施提供良好的硬件支撑。

学校申请专项资金,每年为各项目组提供经费支持,支持开展教研、科研、教学实践、交流活动,配置教学仪器设备,购置图书资料等。定期组织论坛,汇编优秀案例等成果,扩大项目经验的辐射面。

后 记

为了更好地挖掘、提炼上海市杨浦区在示范区建设工作中取得的典型经验和优秀成果，进一步发挥国家级示范区建设的示范辐射作用，项目组特编辑出版《普通高中新课程新教材实施的区域行动》丛书。本丛书以"1＋n"结构组成，其中"1"为"示范区建设的理念与规划"，主要介绍总项目组对"双新"示范区建设的思考和推进路径，"n"为课程、教学、评价、研修、空间各个子项目组的建设成果。本丛书着眼于从中观的层面介绍高中新课程新教材实施的区域行动，既有区域"双新"实施的理念，又有具体的实践案例，不仅可以激发教师的思考、共鸣和创新，也可供全国兄弟区县和学校在制定新课程新教材实施方案时参考借鉴。

《普通高中新课程新教材实施的区域行动　第一卷：理念与规划》侧重从理念和实践相结合的层面上，介绍杨浦区对高中"双新"课程教学改革的理解，分析杨浦区高中课程教学的现状、优势和不足，详细阐述杨浦区在国家级示范区建设中的基本理念与行动路径，介绍了杨浦区高中"双新"国家级示范区建设的三年规划，以及杨浦区教育学院的总项目组和课程、教学、评价、研修、空间五个子项目组的实施方案，全方位呈现教育学院如何专业支撑"双新"示范区建设。最后，选取国家级"双新"示范校——同济大学第一附属中学、杨浦区"双新"示范校——上海市控江中学和上海理工大学附属中学的实施方案，展现学校"双新"推进的具体做法和典型案例。这本书既呈现了杨浦区对高中新课程新教材实施国家级示范区建设的思考与规划，也在一定程度上反映了杨浦区在高中育人方式变革方面的实践与创新探索。

本书是在华东师范大学课程与教学研究所、上海市教委教研室等专业团队的指导下，由杨浦区普通高中新课程新教材实施国家级示范区项目组团队协作完成。杨浦区教育学院高中"双新"总项目组承担了本书的组稿和编写任务。

普通高中新课程新教材实施是一项浩大的工程，但限于篇幅，本册书只能选取部分项目组、部分学校为案例，编写和处理仍然存在诸多不完善的地方，期待同行的批评指正！

在此，向一直关心、支持我区"双新"国家级示范区建设的领导、专家们表示最诚挚的谢意！向奋战在"双新"实施国家级示范区建设一线的学校、教师们致以崇高的敬意！

杨浦区普通高中"双新"实施国家级示范区建设工作组

2022 年 10 月 19 日